Pour en savoir plus
sur les Editions Perrin
(catalogue, auteurs, titres,
extraits, salons, actualité...),
vous pouvez consulter notre site internet :
www.editions-perrin.fr

collection tempus

Le Cercle des économistes

LA GUERRE DES CAPITALISMES AURA LIEU

sous le direction de Jean-Hervé Lorenzi

PERRIN
www.editions-perrin.fr

ISBN : 978-2-262-02974-6

tempus est une collection des éditions Perrin.

Remerciements

Ce livre est issu des travaux des Rencontres économiques d'Aix-en-Provence de 2007 et notamment de la déclaration du Cercle des économistes, qui conclut ces journées. Qu'il nous soit d'abord permis de remercier Hélène Clément, Anne Raffaelli et, pour son concours tout particulier, Simond de Galbert, qui sous la houlette de Marie Castaing, ont donné vie à ce livre. Les contributions et les citations reviennent aux intervenants des Rencontres et plus particulièrement à Jean-Hervé Lorenzi pour l'introduction, à Patrick Artus pour le premier chapitre sur la victoire en trompe l'œil du capitalisme anglo-saxon ; à Michel Aglietta, Jeffry A. Frieden, Peter A. Hall, et Andrei Shleifer, qui, dans un deuxième chapitre-débat, exposent leurs vues sur l'unité et la diversité du capitalisme ; à Anton Brender, André Cartapanis et Jean-Paul Pollin pour le troisième chapitre sur les forces de convergence du capitalisme financier ; à Patrick Artus pour le quatrième chapitre sur la bataille pour le capital ; à Benoît Coeuré,

Bertrand Jacquillat, Jean-Hervé Lorenzi et Catherine Lubochinsky, pour le cinquième chapitre sur le rôle des nouveaux acteurs ; à Jean-Paul Betbèze et Jean-Marie Chevalier pour le sixième chapitre sur les ressources rares ; à Jean-Michel Charpin et Jean Pisani-Ferry pour le septième chapitre sur la place de l'Europe ; à Christian de Boissieu, Jacques Mistral et Olivier Pastré pour le dernier chapitre sur la réforme nécessaire des institutions internationales.

Le Cercle des économistes

Introduction

La guerre des capitalismes aura lieu ; telle est la thèse audacieuse de ce livre. L'espoir collectif, planétaire, invente d'harmonieuses convergences vers un monde où peuples et individus seraient capables d'allouer les ressources mondiales de la manière le plus efficiente et le plus équitable possible. Cet espoir fait bon marché de la dégradation environnementale, de l'abandon dans lequel se retrouvent deux milliards d'hommes. Il occulte des tensions qui existent déjà et qui se renforceront dans les années à venir entre les grandes puissances émergentes et celles qui ont eu le privilège de l'Histoire. C'est donc pas à pas que nous allons tenter, dans cet ouvrage, de corriger certaines visions simplificatrices et d'envisager des pistes de résolution de conflits dont il n'est pas difficile d'imaginer la gravité et le coût.

Jusqu'en 1989, l'opposition entre deux modèles homogènes – capitalisme et socialisme – prévalait dans l'analyse économique. Mais la chute du mur de Berlin a consacré l'apparente victoire du modèle capitaliste tel qu'il ressortait des préconisations du « consensus de Washington ». Il a été progressivement admis que l'économie de marché s'était totalement et définitivement imposée, créant ainsi les conditions pour l'émergence d'un capitalisme mondial. Le capitalisme a triomphé, mais surmontera-t-il sa victoire ? Existe-t-il ou non des capitalismes divers ? Sont-ils convergents, sinon selon quelles modalités peuvent-ils cohabiter ? La domination du capitalisme anglo-saxon n'est pas une certitude. Les économistes doivent s'interroger sur les conséquences de cette diversité durable. Même si les capitalismes, aujourd'hui comme hier, se nourrissent de valeurs communes, rien ne permet d'assurer que leur concurrence ne créera pas des tensions difficiles à surmonter.

Le capitalisme a pour noyau dur la propriété privée des moyens de production, la coordination par les marchés et le respect des droits de propriété. Au-delà, il prend des formes très différentes. Ainsi, l'économie sociale de marché, longtemps caractéristique de l'Europe continentale, donne-t-elle un rôle aux parties prenantes – Etat et syndicats notamment – dans la conduite des affaires et attend de l'Etat qu'il corrige les inégalités. Le libéralisme anglo-saxon, lui, met l'accent sur la responsabilité de chacun, dans la richesse ou la misère, et sur la liberté de circulation des hommes, des biens et des capitaux. Le contrôle de l'Etat sur les entreprises est faible dans les pays anglo-saxons, important en France, fort en Russie ou en Chine, deux pays qui ne s'affichent pas comme capitalistes, mais qui de fait le sont devenus. Ailleurs, le capitalisme familial, largement implanté, se préoccupe, plus que d'autres formes de capitalisme, de long terme et de pérennité. Au-delà, aucune économie ne peut aujourd'hui faire abstraction de l'émergence des nouvelles formes de capitalisme que représentent les *hedge funds* ou le *private equity*, maniés avec une grande dextérité notamment par les pays émergents. Le tableau est complexe, incertain et la règle de la convergence entre ces différentes formes n'est pas assurée.

Les logiques de développement de ces modèles diffèrent en effet profondément. Certes, chacun d'entre eux souhaite obtenir une rentabilisation forte de ses actifs ; mais ce qui compte, c'est de savoir s'il s'agit d'un objectif unique ou s'il est amendé par d'autres impératifs. En d'autres termes, le capitalisme paraétatique adopte une stratégie de puissance : l'Etat y est le propriétaire dominant. Cela permet d'imaginer les tensions à venir, au-delà du fait que certaines prévisions indiquent que les pays émergents pourraient représenter les deux tiers du PIB mondial dans une vingtaine d'années, c'est-à-dire retrouver le niveau qui était le leur au début du XIXe siècle. Ces Etats désormais puissants sont une menace potentielle pour l'accès aux ressources rares et pourraient mettre la main sur le fonctionnement des marchés financiers traditionnels. C'est pourquoi une globalisation financière régulée pourrait avoir des vertus pacificatrices.

Les capitalismes mutent dans des directions que personne n'avait anticipées mais ils sont condamnés à coexister. Certes, il y a des forces de convergence, notamment sous la pression des marchés financiers. Mais il y a aussi, évidemment, une concurrence entre capitalismes vouée à entraîner une forme de sélection naturelle. Le modèle dominant ne sera pas forcément le plus efficace, ni le mieux accepté socialement. La coexistence pacifique des capitalismes n'est donc pas garantie. Pourtant, parce que le progrès naît de la différence, parce que l'économie doit respecter la diversité des valeurs, parce que nous croyons au rôle positif de la concurrence, nous pensons que la diversité des capitalismes est une chance. Mais nous craignons que leur coexistence ne suscite des tensions croissantes et peut-être un jour ne déclenche des conflits. La première mondialisation, qui avait vu un développement sans précédent des échanges et du bien-être, s'est brisée en 1914.

Surtout, l'absence d'une autorité supranationale pour organiser cette coexistence est cruellement ressentie. La gouvernance mondiale est aujourd'hui insuffisante. Dans nombre de domaines, comme l'environnement, la concurrence ou la propriété intellectuelle, il n'existe pas d'autorité globale. De plus les institutions existantes comme le Fonds monétaire international et la Banque mondiale manquent de légitimité politique. Au total, il n'y a pas de règles du jeu communes aux différentes formes de capitalisme. Une entreprise chinoise peut lancer une OPA hostile avec de l'argent public ; en Europe, c'est presque impossible. L'Europe s'interdit de manipuler la valeur de sa monnaie. Le Japon ou la Chine le font en utilisant leurs réserves de change, les Etats-Unis par l'influence économique qu'exercent les déclarations de ses dirigeants.

Les institutions internationales doivent donc être profondément réformées pour devenir plus légitimes et mieux intégrer les interactions entre les différentes dimensions de la politique économique. L'enceinte pertinente pour discuter des politiques économiques mondiales serait un L-20 prenant la forme d'une réunion régulière des chefs d'Etat et de gouvernement des vingt grands pays développés et émergents. Il pourrait notamment travailler à la réforme des institutions spécialisées tout en élargissant leur représentativité, mais aussi à la définition d'un socle de règles communes minimales dans les domaines du droit des entreprises, de la concurrence, de la propriété intellectuelle, du contrôle des capitaux. Il importe également de faire mieux respecter les règles du jeu existantes. Aujourd'hui, chacun sait que ce n'est pas vraiment le cas. Il faut donc se donner des moyens véritables en créant une gamme de sanctions graduées, comme c'est le cas pour l'OMC, pour les pays qui ne respectent pas les règles sur l'ensemble des thèmes évoqués. Peut-être faut-il imaginer une organisation spécifique destinée à instruire et éventuellement sanctionner dans des processus adaptés, par leur vigueur et leur rapidité, à cette nouvelle mondialisation.

Nous pensons également qu'il faut défendre le modèle auquel nous croyons. Ce modèle est celui de l'Europe continentale : une économie de marché qui bénéficie de la stabilité des règles de droit, qui consulte et implique l'ensemble des parties prenantes et dont les conséquences les plus injustes sont corrigées par un système de redistribution efficace sans pour autant étouffer l'économie. Il faut mettre l'Europe au cœur de l'élaboration des normes mondiales. Elle dispose d'un corpus cohérent et commun de normes pour la régulation de l'ensemble des marchés. Il est temps qu'elle affirme ses positions dans les négociations mondiales portant sur les domaines tant financier que comptable et environnemental, ou dans celui de la protection des individus.

Il importe aussi d'initier des règles de réciprocité systématique. S'il s'avère que la vision optimiste d'une régulation mondiale ne peut être mise en œuvre, nous demandons que soient conçues, discutées, établies ces règles de réciprocité systématique. Dans le cas où nos partenaires ne respecteraient pas nos règles, et seulement dans ce cas, nous devons pouvoir nous protéger. Cela peut se traduire, par exemple, par le blocage des participations majoritaires en provenance de pays qui, dans les secteurs concernés, n'appliquent pas de règles de réciprocité.

Ne l'oublions pas, il reste deux milliards d'êtres humains pour qui le mot capitalisme n'a aucun sens. C'est le défi, en ce début de XXIe siècle, de les y intégrer. Cela implique de les aider à asseoir une économie suffisante pour leurs besoins fondamentaux, mais en même temps de créer les institutions nécessaires, là comme ailleurs, à l'émergence du capitalisme.

CHAPITRE I

LA VICTOIRE EN TROMPE L'ŒIL DU CAPITALISME ANGLO-SAXON

« Que se passe-t-il en géopolitique ? C'est la fin du monopole de la puissance de l'Occident, qui dure depuis quatre siècles. Je ne vais pas remonter aux croisades, mais remontons aux grandes découvertes. C'est l'Occident, européen ou américain, qui dit ce qu'il faut faire, qui fait l'histoire, qui dit ce qui est bien ou mal, ce qui est acceptable ou ce qui n'est pas acceptable. Nous assistons – et dans le champ économique, ce qui se passe à l'OMC est la préfiguration de la situation stratégique à venir – non à la fin de l'influence, qui restera colossale, surtout si elle est employée plus intelligemment que ne l'a fait la dernière administration Bush, mais à la fin du monopole de la puissance. Les émergents ont une vision historique. Ils n'ont pas notre vision abstraite de l'économie mondiale aujourd'hui. Pour ne citer que la Chine, il s'agit de corriger cent cinquante ans d'humiliation et chaque pays émergent a un programme de ce type.

Ce monde sera *de facto* multipolaire, mais pas dans le sens où le discours français le laisse entendre, ce sera un multipolaire chaotique, concurrentiel, compétitif (ce qui ne veut pas dire stable), avec des capitalistes qui utiliseront tous les procédés, mais garderont une âme nationale. »

Hubert VÉDRINE,
Ancien ministre des Affaires étrangères.

C'est dans un contexte révélateur que s'ouvrent nos réflexions. Que faut-il retenir de cette crise des subprimes *(« crédits hypothécaires à risque ») ? Les réactions des banques centrales, les anecdotes frauduleuses ou les inquiétudes populaires ? Visiblement, rien de tout cela, mais plutôt l'apparition massive des fonds souverains et les débats que cela a entraînés. Alors que la première économie de la planète présente des signes de faiblesse, la croissance mondiale ne semble plus être tirée que par les économies émergentes d'Asie. La Chine, l'Inde, les pays d'Asie du Sud-Est comme avant eux le Japon, la Corée du Sud ou Singapour sont-ils devenus les nouveaux moteurs de la machine capitaliste ? En ce début de millénaire, les équilibres économiques mondiaux sont largement chamboulés. Il y a moins de vingt ans, lorsque le bloc soviétique s'est effondré, le capitalisme américain semblait devoir s'imposer, s'exporter partout. La force de son modèle vainqueur devait pouvoir s'adapter, y compris dans le cadre d'économies émergentes, aux structures institutionnelles souvent faibles, voire amender celles-ci dans le sens de la démocratisation. Les préconisations des grandes institutions internationales, le Fonds monétaire international, la Banque mondiale, participaient de cette croyance largement répandue et symbolisée par l'expression du « consensus de Washington ». L'échec de ce consensus est depuis plusieurs années déjà consommé. Sa simplicité qui nous paraît naïve aujourd'hui a fait place à une complexité plus inquiétante. Le monde actuel est porteur d'incertitudes et de peurs. A bien des égards, le consensus qui portait en vainqueur incontesté le capitalisme anglo-saxon n'était qu'un trompe-l'œil.*

1

L'extension du modèle anglo-saxon

Le modèle anglo-saxon de capitalisme présente plusieurs caractéristiques. Le financement des entreprises est tout d'abord effectué en actions plus que par dette. Le capital des entreprises est majoritairement détenu par des investisseurs institutionnels, notamment les fonds de pension. De plus, les entreprises sont gérées plutôt dans l'intérêt des actionnaires que des autres partenaires de l'entreprise, c'est-à-dire les salariés, les clients, les sous-traitants et les prêteurs. Il en découle un niveau élevé de rentabilité du capital et des distributions importantes de dividendes. Une rapide comparaison des Etats-Unis et du Royaume-Uni avec deux grandes économies d'Europe occidentale (Allemagne, France) et quatre grands pays émergents, les BRIC (Brésil, Russie, Inde et Chine) permet de comprendre les spécificités de ce « modèle ». Les pays d'Europe continentale et les BRIC tendent à se rapprocher des économies anglo-saxonnes.

Capitalisation boursière et endettement des entreprises

Les niveaux de capitalisation boursière sont historiquement plus élevés aux Etats-Unis et au Royaume-Uni que dans les deux pays européens et que dans les BRIC. En 2006, et après le pic atteint en 2000-2001, le poids des capitalisations boursières par rapport au PIB augmente partout, même si les écarts constatés témoignent de différences encore sensibles entre les grandes économies. La capitalisation boursière américaine par rapport au PIB s'élevait en 2006 à 141 %, contre 137 % au Royaume-Uni, 48 % en Allemagne, 80 % en France, 64 % au Brésil, 65 % en Inde, 72 % en Russie mais seulement 18 % en Chine. Si les écarts entre pays anglo-saxons et pays d'Europe continentale demeurent très importants, les pays émergents ont peu à peu, à l'exception de la Chine, rattrapé une partie de leur retard. Les statistiques concernant le poids relatif de la dette des entreprises par rapport au PIB montrent de la même manière la persistance de différences importantes entre grandes économies (de 1 % en Russie à 103 % au Royaume-Uni). Les BRIC conservent toutefois des taux d'endettement des entreprises par rapport au PIB beaucoup plus faibles.

Les ratios de dettes des entreprises en pourcentage de la capitalisation boursière présentent un tableau hétérogène de la situation. Ainsi, en 2006, ce ratio était aux Etats-Unis de 30 %, au Royaume-Uni de 77 %, en Allemagne de 170 % et en France de 95 %. Les économies émergentes offrent une image aussi peu homogène, avec des taux de 31 % au Brésil, 8 % en Russie, 5 % en Inde et 76 % en Chine. Les différentes statistiques, si elles ne démontrent pas toujours une convergence, témoignent malgré tout de l'extension des caractéristiques principales du capitalisme anglo-saxon.

De la même façon, le rendement du capital (ROE) est depuis longtemps plus élevé aux Etats-Unis et au Royaume-Uni que dans les autres pays. Une inflexion sérieuse se développe toutefois. D'une part, en 2006, le ROE allemand (20 %) dépasse les ROE britannique et américain (16 % et 18 %). D'autre part, le ROE dans les BRIC a très sensiblement augmenté, dépassant même en Inde et au Brésil le ROE des pays anglo-saxons. L'élévation générale des niveaux de ROE pourrait traduire l'extension du modèle « anglo-saxon » de capitalisme. Comment expliquer cette évolution ?

LES CAUSES DE L'EXTENSION DU MODÈLE ANGLO-SAXON

Ce qui précède montre que, jusqu'à présent, une dynamique d'extension du modèle de capitalisme anglo-saxon semblait se dégager : développement des marchés d'actions et des investisseurs institutionnels, développement du rôle des fonds (*hedge funds*, fonds de *private equity*), taille des banques anglo-saxonnes, convergence de tous les pays vers les exigences de rentabilité du capital déjà obtenue dans les pays anglo-saxons. Plusieurs causes peuvent expliquer le développement du capitalisme anglo-saxon. L'effondrement du communisme est la première et la plus évidente de ces explications. Ensuite, l'insuffisance de la taille des investisseurs en actions dans les pays d'Europe continentale a interdit le maintien de la propriété domestique des entreprises.

Encours d'actions détenues par les investisseurs domestiques (en % du PIB)

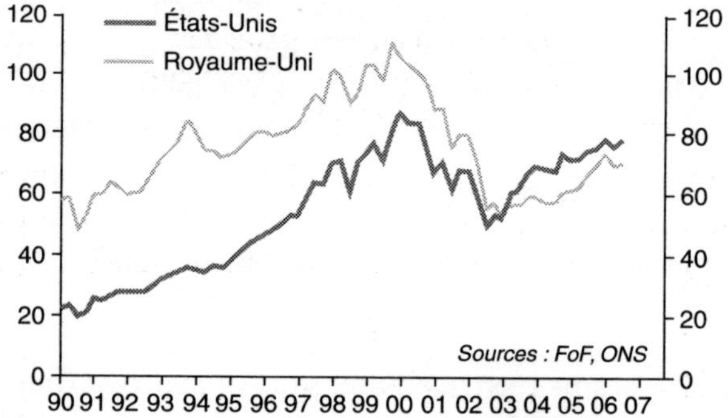

Encours d'actions détenues par les investisseurs domestiques (en % du PIB)

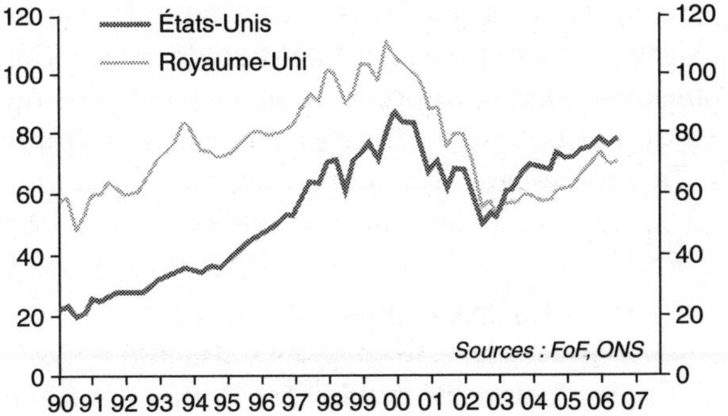

Encours d'actions détenues par les investisseurs domestiques (en % du PIB)

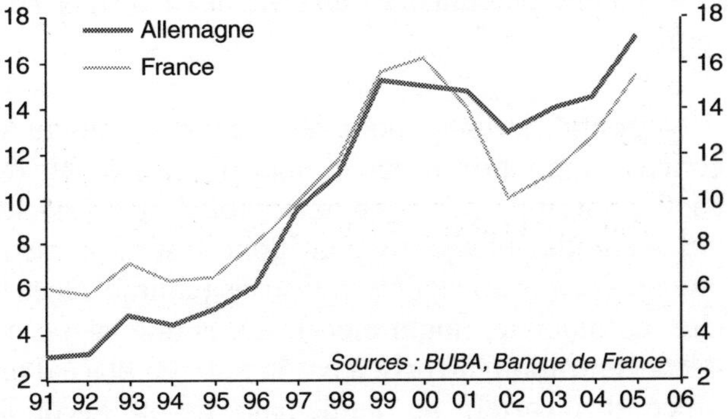

Ainsi le poids relatif du volume des actifs des fonds de pension par rapport au PIB varie-t-il fortement d'une économie à une autre, très élevé dans les pays anglo-saxons, intermédiaire au Japon, beaucoup plus bas en Europe continentale. De fait les statistiques relatives au maintien de la propriété domestique des entreprises sont d'autant plus élevées que la taille des investisseurs est importante. Au Royaume-Uni, les non-résidents détiennent 30,7 % du capital des sociétés cotées contre 19 % aux Etats-Unis, 12 % au Japon mais près de 47 % en France et 63 % en Italie.

Enfin, les fusions probables des Bourses entre les Etats-Unis et l'Europe et les crises des autres modèles renforcent la tendance à l'intégration des modèles. L'exemple de la crise du modèle de relation de long terme entre banques et entreprises au Japon et en Allemagne illustre notamment ce dernier facteur.

La politique économique allemande a soutenu la concentration industrielle et une structure stable de l'actionnariat jusqu'à la seconde moitié du XXe siècle. Les « grandes banques » sont donc historiquement engagées dans les vieilles industries (chimie, électricité, automobile, notamment). Après une vague de déconcentration, favorisée par la mise en place d'un office des cartels au lendemain de la Seconde Guerre mondiale, les participations industrielles des grandes banques allemandes ont augmenté de la fin des années 1970 jusqu'à la bulle internet. L'éclatement de la bulle boursière, les changements comptables IFRS et Bâle II ont conduit le secteur financier allemand à se recentrer sur son cœur de métier, afin de dégager des fonds propres. De nombreuses participations historiques ont été cédées depuis. Ce processus a été encouragé par l'abolition de l'impôt sur la cession aux participations en 2002. Rien ne semble indiquer que cette phase de désengagement soit aujourd'hui arrivée à terme, l'objectif de rentabilité du capital demeurant une priorité. La tradition allemande suggère toutefois que le désengagement ne sera pas total.

Au Japon, le système de « banque principale » a constitué l'ossature qui a soutenu le développement de l'industrie japonaise après la fin de la guerre. Ce système est un legs de la Seconde Guerre mondiale, quand une banque principale était attribuée aux producteurs de biens nécessaires à la poursuite de la guerre pour leur garantir l'accès au financement. Le système de « banque principale » est fondé sur une relation commerciale unique : une banque donnée parmi plusieurs prêteurs est responsable de la gouvernance d'entreprise et de sa survie, elle joue ainsi en dernier ressort le rôle de garant et de prêteur. Lorsque l'entreprise a des problèmes de gestion, la banque principale doit l'aider jusqu'au bout, même aux dépens de son intérêt propre.

L'euphorie des années 1980, couplée à l'impossibilité d'utiliser tous les fonds qui entraient au

Japon à cette époque, a mené à une course effrénée aux titres boursiers[1]. Les banques, les compagnies d'assurances, les entreprises industrielles et même les particuliers se sont lancés dans l'investissement de leur épargne à la Bourse, dont les cours montaient infiniment plus rapidement que les taux d'intérêt. Notons que les taux d'intérêt étaient à l'époque fixés par le ministère des Finances à des niveaux extrêmement bas, autour de 2 %, pour limiter le coût des prêts bancaires aux entreprises. Conserver son épargne à la banque (ou dans des comptes postaux) était alors peu payant comparé à l'investissement en Bourse. La hausse des cours boursiers et l'euphorie ont aussi mené à la spéculation foncière et à la mise sur pied de nombreux projets immobiliers extravagants.

Plusieurs des pratiques qui se sont généralisées dans les années 1980 étaient des nouveautés au Japon. Traditionnellement, depuis le XIXe siècle, les Japonais, autant les grandes entreprises que l'Etat et les particuliers, avaient une confiance limitée dans la Bourse qu'ils voyaient comme un repaire de spéculateurs peu scrupuleux. Les grandes entrepri-

1. Le Japon jouissait alors de forts surplus de sa balance commerciale, ce qui lui permettait d'investir massivement dans les pays occidentaux. En retour, ces investissements entraînaient des profits considérables, rapatriés au Japon. Ces entrées de fonds servaient non seulement à couvrir des investissements pour augmenter une productivité industrielle déjà remarquable mais aussi à financer le déficit du budget américain.

ses préféraient emprunter aux banques pour obtenir du capital plutôt que de vendre des actions. Pour ces entreprises, l'avantage de ces emprunts se trouvait dans le fait d'échapper aux demandes des actionnaires. Par ailleurs, les relations à long terme avec une ou plusieurs banques permettaient de minimiser les risques. Enfin, les entreprises achetaient des actions les unes des autres (système de participation croisée), ces actions étaient conservées pour de longues périodes, ce qui renforçait les relations entre ces entreprises et donnait à chacune une grande stabilité.

Ces attitudes ont changé avec l'abondance des années 1980. Grâce à l'accroissement de leurs profits, les grandes entreprises ont commencé à moins dépendre des banques. De plus, elles se sont rendu compte des profits énormes qu'elles pourraient faire en Bourse. Plusieurs d'entre elles ont alors emprunté à des institutions financières, sur garantie des prix accrus de leurs terrains ou de celui des actions d'autres entreprises qu'elles détenaient, pour investir dans les titres cotés en Bourse. D'autres ont vendu leurs actions à d'autres entreprises afin de faire des profits. Les banques ont voulu profiter de la manne et ont prêté des sommes importantes à des fins de spéculation. Ces nouveaux comportements ont beaucoup rapporté quand les cours boursiers ont triplé en valeur entre 1986 et 1989 (l'indice Nikkei est passé de 13 000 environ en 1986 à près de 39 000 en décembre 1989).

Le retournement de 1990 a enclenché un cercle vicieux de contraction du crédit, faillites, ventes d'actifs immobiliers qui ont contribué à leur tour à la baisse des prix. Cette spirale déflationniste a touché également la Bourse par le biais des participations croisées : les banques ont vendu une partie de leurs portefeuilles pour encaisser les plus-values des décennies antérieures. L'indice Nikkei s'est effondré et ne s'est plus redressé. Les prix de l'immobilier dans les grandes villes ont chuté de 70 %. Les banques et autres institutions financières ont tenté de recouvrer les sommes prêtées, mais beaucoup d'entreprises n'étaient pas en mesure de payer. Au lieu de les pousser à la faillite, les banques leur ont prêté de nouveau pour payer les intérêts des prêts antérieurs.

Un grand nombre de banques, caisses de crédit et autres institutions financières ont alors accumulé les mauvaises créances. Le ministère des Finances, chargé de surveiller les pratiques du secteur financier, aurait pu et dû intervenir, mais la nature de ses relations avec les institutions financières a retardé son action. Les officiels du gouvernement ont donc couvert des pratiques, sinon illégales, du moins dangereuses pour l'ensemble de l'économie. Le comportement des fonctionnaires a ainsi dissimulé l'étendue de la crise et a retardé la mise en place et l'application de mesures efficaces. Ce n'est qu'avec la faillite des caisses de crédit, en 1994, que l'étendue du désastre est apparue au grand jour. Par la suite, des banques régionales, puis la quatrième firme de courtage (Yamaichi) et, en 1998, la Banque de crédit à long terme ont déclaré faillite.

La spéculation a été clairement identifiée comme cause principale de la crise, mais on s'aperçoit maintenant que cette spéculation, à laquelle une bonne partie de la population japonaise a participé, a été laissée sans contrôle par ceux qui devaient la baliser. En octobre 1998, le Parlement a voté, contre toute attente, un ambitieux programme visant à régler une partie des problèmes du secteur financier. Il fallait notamment inciter les institutions financières à faire à nouveau crédit aux entreprises rentables, ce qu'elles hésitaient à faire à cause de leurs mauvaises créances encore en suspens. Il aura fallu du temps mais en mars 2006, les créances douteuses n'étaient plus que de 13,4 trillions de yens contre 31,8 en mars 2000. Pour autant, les entreprises japonaises semblent toujours suivre une logique de désendettement, préférant renforcer leur capacité d'autofinancement (plus de 110 % en 2006). La symbiose entre les entreprises et le secteur financier qui prévalait au Japon depuis la fin de la Seconde Guerre mondiale n'existe plus.

On pensait que cette relation de long terme entre banques et entreprises qui facilitait l'échange d'informations était stabilisante ; en réalité, elle a amené un surendettement des entreprises, un manque d'analyse des risques, d'où l'importance des faillites et l'abandon de ce système, au début des années 1990 au Japon. Depuis la fin des années 1990, on assiste à ce même effritement de la relation entre banques et entreprises en Allemagne.

2

Les obstacles à la victoire du capitalisme anglo-saxon

Plusieurs éléments (faible taille des investisseurs en actions en Europe, généralisation des exigences élevées de rentabilité du capital, affaiblissement des autres modèles – communisme, capitalisme d'Etat, capitalisme d'Europe continentale...) ont fait croire à une progression irrésistible du modèle anglo-saxon de capitalisme. La réalité semble plus complexe et la diversité des capitalismes toujours réelle.

Le capitalisme d'Etat s'appuie sur des secteurs stratégiques

Le souhait de plusieurs Etats de reprendre ou d'intensifier leur contrôle sur des secteurs économiques stratégiques a redonné de l'élan au capitalisme étatique. Selon des modalités différentes, c'est le cas de la Russie et de l'Amérique latine, qui agissent dans le sens d'un renforcement de la place de l'Etat dans la détention et l'allocation du capital dans le secteur productif, tout particulièrement dans le domaine des énergies.

En Russie, depuis l'arrivée de Vladimir Poutine au pouvoir en 2000, le contrôle du secteur énergétique est devenu un objectif majeur du Kremlin. Le gouvernement a confirmé son intention de garder la mainmise sur le réseau d'oléoducs et de gazoducs d'exportation, tandis que le projet de loi sur « l'utilisation du sous-sol » présenté en mars 2005 prévoyait un durcissement des conditions d'accès et d'exploitation des gisements dits « stratégiques » pour les investisseurs étrangers. La part de l'Etat dans le capital de Gazprom a augmenté en 2005, passant de 38 % à 51 %. En mai 2006, la hausse de la capitalisation boursière de Gazprom la place au 3e rang mondial. L'Etat russe contrôlerait aujourd'hui plus de 30 % de la production de pétrole, contre 20 % il y a trois ans. Dans un rapport de novembre 2006, l'OCDE estime que la mainmise croissante du gouvernement russe dans les domaines de l'énergie, de la production d'électricité, de l'aviation et de la finance doit être considérée « comme un recul ». Selon l'OCDE toujours, « le bilan de l'Etat en tant que propriétaire de sociétés industrielles et financières est médiocre [...] Il est donc probable que l'accroissement de la présence de l'Etat dans des secteurs importants contribuera [...] à réduire l'efficience et à ralentir leur croissance. » Gazprom est notamment mis en cause par le rapport : « L'appétit apparemment insatiable du monopole gazier public [...] pour l'acquisition de nouveaux actifs, souvent aux dépens d'un recentrage sur son cœur de métier, est particulièrement préoccupant. » Il note que l'absence de « mesures significatives » visant à restructurer ce secteur freine le développement d'autres producteurs alors même que le maintien de la production gazière russe est de plus en plus incertain. La Russie a en effet un fort besoin d'investissements, qui ne représentent aujourd'hui que 18-19 % du PIB, niveau relativement faible.

En Amérique latine, l'Etat a joué, très tôt, un rôle important dans le développement de l'industrie pétrolière et gazière. La nationalisation de compagnies privées étrangères est intervenue dans les années 1920 et 1930 en Argentine, en Bolivie et au Mexique, avec la création d'entreprises publiques dotées du monopole d'activité. Une nouvelle vague de « nationalisme pétrolier » a eu lieu entre les années 50 et les années 70 avec en point d'orgue, en 1975, la nationalisation du pétrole au Venezuela. Dans le cadre des approches « développementistes » en vigueur dans les pays latino-américains, cette dernière vague de nationalisations faisait aussi partie d'une tendance tiers-mondiste qui avait gagné du terrain dans de nombreux pays exportateurs de pétrole, en particulier ceux de l'OPEP.

Pendant les années 90, en revanche, les réformes à orientation libérale ont entraîné des privatisations et un vaste programme de déréglementation des économies. Toutefois, ces réformes n'ont pas affecté de manière homogène les industries d'hydrocarbures des différents pays de cette région. Ainsi, l'Argentine et la Bolivie ont complètement privatisé leurs compagnies nationales, alors que le Mexique a préservé le monopole d'Etat, prévu par la Constitution, de l'exploitation de l'or noir. Le Venezuela, quant à lui, a gardé la structure étatique tout en ouvrant l'exploitation de certains champs aux capitaux étrangers.

Le retour en force dans les années 2000 d'un « nationalisme économique » se produit dans une conjoncture de prix internationaux élevés et de crainte d'une stagnation des réserves pétrolières au niveau mondial. Par conséquent, plusieurs pays ont cherché à changer les règles du jeu pour capter une part plus importante de la rente pétrolière et gazière. Cette nouvelle orientation est à relier aussi à un changement du « climat intellectuel et politique » en Amérique latine : les opinions publiques des principaux pays de la région sont à présent plutôt critiques à l'égard du désengagement de l'Etat intervenu dans les années 90 et demandent que les pouvoirs publics, tout en encourageant la croissance, appliquent des politiques sociales plus agressives. Mais jusqu'à présent, c'est surtout en

Bolivie et au Venezuela que les gouvernements ont voulu récupérer une part plus importante des revenus énergétiques afin d'accroître les dépenses sociales, dans le cadre d'un retour au discours nationaliste.

Capitalisme familial et rejet du capitalisme anglo-saxon et de l'économie de marché

Le capitalisme familial demeure très présent dans de nombreux pays d'Amérique latine, d'Europe continentale et d'Asie. Un grand nombre d'études économiques ont cherché à analyser les entreprises contrôlées à hauteur d'au moins 20 % par des familles. Les résultats sont très variables d'une étude à l'autre. Toutefois, les fourchettes indicatives obtenues renseignent sur la plus ou moins grande étendue du capitalisme familial dans les économies étudiées.

Au Royaume-Uni et aux Etats-Unis, les chiffres les plus élevés ne dépassent pas 20 %, les plus bas 5 %. Ils témoignent de la faiblesse de l'implantation de la forme familiale du capitalisme dans ces pays. En Europe continentale, cette proportion atteint des niveaux importants, même si les résultats varient ici aussi fortement selon les études : de 20 à 64 % pour la France, de 10 à 65 % en Allemagne, de 15 à 60 % en Italie, de 15 à 55 % en Espagne. Ces chiffres montrent que le capitalisme familial est effectivement plus présent en Europe continentale que dans les pays anglo-saxons, mais renseignent peu sur la densité de cette présence. En Amérique latine, les chiffres sont plus nets, mais à prendre aussi avec précaution puisque souvent issus d'une seule étude. Des statistiques de 65 % en Argentine et de 100 % au Mexique sont avancées. De la même manière, l'Asie est le continent traditionnel du capitalisme familial : la proportion des entreprises contrôlées à hauteur d'au moins 20 % par des familles atteint 71 % en Indonésie, de 66 à 70 % à Hong Kong, 61 % en Thaïlande, 55 % à Singapour, 48 % à Taïwan, 44 % aux Philippines. Le Japon fait ici exception avec une fourchette comprise entre 5 et 10 % seulement.

Parallèlement au dynamisme d'autres modèles, le capitalisme anglo-saxon souffre d'un certain rejet dans plusieurs zones et pays du monde. Une étude internationale menée par le Global Scan et l'université du Maryland étaye cette hypothèse en posant la question suivante : « La liberté d'entreprise et l'économie de marché sont-elles les meilleurs systèmes pour le monde futur ? »

Les pays les plus favorables à la liberté d'entreprise et à l'économie de marché sont le plus souvent des pays asiatiques émergents : la Chine, les Philippines, la Corée du Sud ou l'Inde, avec respectivement 74 %, 73 %, 71 % et 70 % de réponses positives, apparaissent comme les plus enthousiastes sur ces questions. Les Etats-Unis et le Royaume-Uni, avec 71 % et 66 %, suivent sans surprise. Le tableau est plus contrasté en Europe. Si l'Allemagne et l'Italie affichent des réponses positives à hauteur de 65 et 59 %, la France est le seul pays de l'étude à répondre négativement à la question posée, 36 %. En Europe de l'Est, la Pologne, avec 63 % d'opinions positives, se démarque de la Russie où 43 % seulement de réponses positives ont été recueillies. En Amérique latine, l'enthousiasme est également modéré : 61 % au Mexique, 57 % au Brésil, mais seulement 42 % en Argentine où l'indécision est importante (28 % d'indécis).

La localisation mondiale de l'épargne

Masse monétaire (M2, Mds de $)

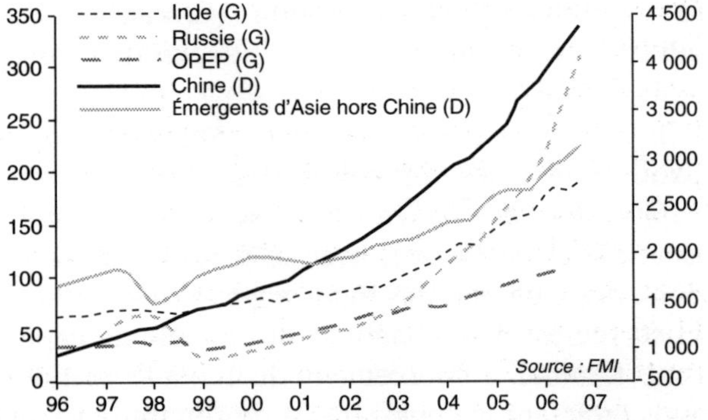

Les pays émergents et exportateurs de matières premières se caractérisent globalement par un excès d'épargne. En 2006, le taux d'épargne atteint 57 % en Chine, 35 % dans les pays de l'OPEP, 28 % en Russie et en Asie émergente hors Chine. Il est limité à 26 % au Japon, 22 % pour l'Union européenne à 25 et à 13 % seulement aux Etats-Unis). De fait, les volumes de masse monétaire témoignent de cette localisation mondiale de l'épargne.

Ces excès sont pour l'instant investis en actifs peu rentables et peu sophistiqués : obligations au travers des réserves de change des banques centrales, actifs liquides. Le basculement progressif de cette épargne vers les actions pourrait assurer à ces pays une part croissante du capital mondial et renforcerait le poids de leur modèle de capitalisme, soit étatique (Chine, Russie, OPEP), soit familial (Chine, Inde, autres émergents d'Asie).

On croyait à la victoire du capitalisme « anglo-saxon », avec les difficultés des autres modèles (capitalisme de *stakeholders* en Europe, capitalisme d'Etat en Chine), avec le poids des investisseurs, des banques, des fonds anglo-saxons. Mais la résistance est forte : vigueur du modèle de capitalisme familial, renforcement du modèle étatique, poids croissant et considérable de l'épargne venant des pays émergents où le capitalisme familial domine. L'incertitude est grande sur l'évolution à venir de ces grandes formes de capitalisme et surtout sur leur cohabitation. De la même façon, les débats méthodologiques sur l'analyse de cette diversité ne sont pas clos et imposent la plus grande prudence.

CHAPITRE II

UN DÉBUT DE SIÈCLE SOUS TENSION

« Nous avons de grandes convergences mais peu d'harmonisation, et je crois que c'est ce qui se passe dans le monde entier. En fonction des cultures, de l'histoire, de la bureaucratie – très importante dans certains pays –, des priorités politiques, cette convergence est fortement limitée ou ralentie dans certains pays et elle ne va certainement pas dans le sens d'une harmonisation globale. »

Michel TILMANT,
ING Group.

« La confrontation principale consiste dans la rivalité entre le capitalisme autoritaire de style oriental et le capitalisme libéral de style occidental qui, malheureusement, a déjà attrapé le virus oriental. Tandis que nous entendons que le virus de la liberté va affecter les Chinois, les Européens, à leur tour, ont déjà visiblement la grippe chinoise. »

Peter SLOTERDIJK,
Hochschule für Gestaltung, Karlsruhe.

Dans ce chapitre, nous prenons le risque de nous retirer un instant du débat et de donner la parole à quatre intervenants des Rencontres économiques d'Aix-en-Provence. Le fait de parler de capitalisme anglo-saxon suggère qu'il existe d'autres formes de capitalismes. Sont-elles différentes en essence du capitalisme anglo-saxon ou s'agit-il d'avatars culturels d'un même principe d'organisation économique ? De la réponse qu'on donne dépend peut-être la guerre ou la paix : des formes différentes d'un même principe économique peuvent converger vers un état planétaire équilibré et pacifié. L'affrontement de capitalismes concurrents est sans doute porteur de conflits plus durs et plus fondamentaux. La réponse paraît simple ou spécieuse. Elle n'en divise pas moins les experts.

Jeffry Frieden et Andrei Shleifer défendent le caractère unique du capitalisme, tandis que Peter Hall comme Michel Aglietta croient en la variété des capitalismes et placent leur analyse dans la continuité de l'Histoire. Qu'on ne s'y trompe pas, c'est la conclusion de ces derniers que nous défendons, eux dont la méthodologie fait apparaître l'origine du capitalisme, le développement de ses formes diverses et l'apparition des conflits.

1

Un même capitalisme dans tous les pays industriels

A mon avis, et mon propos ne concerne que les pays industriels avancés et non les pays qui, comme la Chine, sont à un autre stade de développement, les différences économiques entre les pays capitalistes avancés sont limitées et relativement peu importantes. On ne peut pas, pour ces pays, parler de diversité de capitalismes ; en effet ils opèrent tous sur le modèle du même capitalisme avancé. Bien sûr, l'organisation économique varie : il y a les marchés de capitaux basés sur les banques et ceux qui sont basés sur la finance ; il y a des marchés du travail centralisés, d'autres décentralisés. Mais ces différences ont peu d'impact sur ce qui est le plus important, c'est-à-dire les performances économiques d'ensemble et la distribution des revenus. Elles affectent la manière dont l'économie fonctionne, et non ses performances globales. Cela n'est guère surprenant : les pays industriels avancés d'aujourd'hui sont une *success story*, ce sont des sociétés dont les marchés et les citoyens ont, au cours des siècles, trouvé le moyen de s'adapter aux structures économiques et historiques qu'ils s'étaient données. Si on se place dans une perspective historique, le fait est que ces pays, sans exception, ont acquis ce qu'aucun d'eux n'avait il y a un siècle. Ils ont un secteur privé dominant moderne, un mouvement ouvrier organisé, des Etats régulateurs compréhensifs, ils entretiennent des biens publics coûteux et font fonctionner d'importants systèmes de Sécurité sociale, quelles que soient les différences à cet égard. Etudiés dans une perspective historique et comparative, les pays industriels avancés sont très similaires.

Les différences qui comptent entre les pays industriels n'ont rien à voir avec leurs institutions économiques, elles portent sur leurs politiques économiques, leurs politiques publiques et sur la manière dont ils réagissent aux décisions politiques. Ces différences sont en premier lieu liées à l'importance du système de Sécurité sociale, de la redistribution, de l'assurance sociale, de l'implication de l'Etat dans l'économie. Il existe en effet une diversité parmi les sociétés capitalistes nationales, celle de leurs politiques économiques.

Cette diversité a pour origine la tension centrale du capitalisme moderne. D'un côté, il crée des incitations et des opportunités extraordinaires d'innover, d'entreprendre et de gagner en productivité. De l'autre côté, le caractère concurrentiel du capitalisme moderne tend à accentuer les différences entre ceux qui réussissent et ceux qui échouent. Toutes les sociétés subissent cette tension due à l'exigence des marchés qui encouragent l'efficacité, la productivité et la croissance économiques, et qui approfondissent le fossé entre gagnants et perdants. Des sociétés différentes, des politiques économiques nationales différentes trouvent des réponses différentes. Certaines privilégient les gains d'efficacité et la croissance de l'économie dans sa globalité, en espérant que des gains de productivité rapides et des marchés flexibles tendront à atténuer les conflits sociaux et politiques. C'est, d'une certaine manière, l'école américaine. D'autres politiques économiques nationales ont tendance à faire moins confiance à la croissance globale pour régler leurs problèmes sociaux et mettent en œuvre des politiques sociales visant explicitement à amortir les répercussions du marché sur la distribution des revenus.

Bref, les différences qui ont de l'importance se situent au niveau des politiques économiques et non des économies.

Je pense que les différences actuelles peuvent se maintenir. Les forces économiques objectives n'imposent pas de convergence des politiques publiques. Ces différences reposent sur les choix des acteurs politiques de ces sociétés et sur les désirs des citoyens tels qu'ils s'expriment dans leurs institutions politiques.

Dans ces conditions, aussi longtemps que les désirs et les partis pris des acteurs politiques seront divers, aussi longtemps que les gens seront prêts à payer le prix de leurs différences, celles-ci subsisteront entre les sociétés nationales qui maintiendront un équilibre politique et économique stable.

Le capitalisme avancé moderne crée des contraintes et des opportunités similaires pour toutes les sociétés. Il crée des problèmes communs auxquels les sociétés avancées trouvent des solutions variées. Si les Européens sont disposés à payer le prix de systèmes sociaux coûteux et d'un marché du travail rigide, ils se maintiendront. Si les politiques américains sont décidés à s'accommoder d'une distribution des revenus de plus en plus inégalitaire et de la médiocrité des services publics, celles-ci aussi se maintiendront.

Pour être honnête avec ceux qui croient à une convergence des nations industrialisées, je pense qu'il y a effectivement, de part et d'autres, des forces politiques qui poussent vers une sorte de moyen terme. Aux Etats-Unis, pendant trente-cinq ans, les salaires réels des travailleurs non qualifiés ou semi qualifiés ont stagné, l'équité de la distribution des richesses s'est dégradée, le fossé entre les très riches et les autres s'est creusé. Je doute que nous puissions poursuivre longtemps dans cette voie et il y aura des pressions pour une politique sociale plus énergique et une distribution des richesses moins abrupte. De la même manière, en Europe, la nécessité de créer plus d'emplois, le problème des retraites et la pression démographique pousseront certainement vers plus de marché.

Je voudrais cependant insister sur le fait qu'entre les deux rives de l'Atlantique, les similitudes dépassent largement les différences. Les différences existent, mais elles sont largement liées à la diversité des politiques sociales et leur impact sur les performances globales de ces économies n'est ni important, ni systématique. Aussi longtemps que ces différences sociétales demeureront – et je ne vois guère de signes de changement rapide –, les différences entre sociétés industrielles avancées demeureront également. Je ne crois pas qu'il faille s'en inquiéter, leur maintien pourrait même se révéler bénéfique.

Jeffry A. Frieden,
Harvard.

2

Le meilleur des mondes possible

Les vingt-cinq dernières années ont probablement été la période la plus extraordinaire de l'histoire de l'humanité pour l'économie mondiale. Nous avons assisté à la plus importante croissance économique jamais vue, associée à un prodigieux développement de la démocratisation : il y a trente ans, plus de la moitié des pays du monde étaient des dictatures, alors que la forme de gouvernement prédominante sur la planète est aujourd'hui la démocratie. L'éducation a fait d'énormes progrès partout, y compris en Afrique, en Amérique latine et en Asie ; la santé également et la mortalité infantile a décliné presque partout dans le monde. L'espérance de vie augmente, en dépit de l'épidémie de sida.

Il est faux de dire que cette croissance a été inéquitable. Des milliards de gens partout dans le monde sont sortis de la pauvreté : en 1970, quelque 40 % de la population mondiale vivait avec moins d'un dollar par jour ; en 2005 cette proportion avait diminué de moitié, même si la population du globe a bien sûr énormément augmenté. En fait, si les tendances de croissance se poursuivent, dans une dizaine d'années, la pauvreté ne touchera plus que 10 % de la population, et ce même sans intervention des Nations unies et sans aide étrangère. Bien sûr, la croissance la plus importante a eu lieu en Asie, où ce sont littéralement des milliards de gens qui ont été sortis de la pauvreté, particulièrement en Inde et en Chine, mais aussi ailleurs dans le monde. En fait la plupart des nations ont connu cette croissance économique rapide, l'Afrique et l'Amérique latine étant les deux exceptions les plus notables.

Quelle est la cause de cette extraordinaire amélioration de la condition humaine au cours du dernier quart de siècle ? A mon avis, c'est évidemment parce que le monde entier s'est rallié au capitalisme.

L'événement le plus décisif de ces trente dernières années a probablement été l'adoption en 1979 par Deng Xiaoping de réformes économiques en Chine dont plus d'un milliard de personnes devaient bénéficier. En 1979 également, Margaret Thatcher était élue en Grande-Bretagne et en 1980 Ronald Reagan aux Etats-Unis. Même si les élections suivantes ont été gagnées par des candidats libéraux, il est remarquable de constater que l'engagement dans le capitalisme s'est poursuivi aux Etats-Unis et en Grande-Bretagne pendant la majorité des trente dernières années. Bien entendu, le phénomène le plus important est aussi le plus récent, c'est la chute du mur de Berlin et la libération de millions de gens du communisme, ainsi que le fait que ces pays se soient ralliés au capitalisme, un capitalisme imparfait bien sûr, mais un capitalisme tout de même. En conséquence, après la récession initiale, ces pays commencent à connaître la croissance.

Les indicateurs statistiques montrent l'incroyable extension du capitalisme dans le monde : privatisations massives, baisse considérable des taux d'imposition presque partout et énorme développement du commerce mondial. Il n'est donc pas difficile de voir le lien entre le capitalisme et les améliorations considérables des conditions de vie de millions de personnes, en termes de réduction de la pauvreté et de progrès démocratique et pas seulement en termes de croissance économique. Il n'est pas difficile non plus de voir que les deux régions du monde qui ont posé le plus de problèmes ces vingt-cinq dernières années, l'Afrique et l'Amérique latine, sont les zones qui se sont le moins engagées dans le capitalisme, qui ont maintenu des formes de gouvernement régulatrices et interventionnistes peu favorables – c'est un euphémisme – au commerce et à l'entreprise.

Cela étant dit, je ne cherche pas à suggérer que ce capitalisme qui a été le moteur de la croissance économique mondiale est incompatible avec la notion même de gouvernement. En fait, le dernier quart de siècle nous a apporté de précieux enseignements sur ce qu'est un bon gouvernement. Un bon gouvernement fournit une protection sociale à ses administrés, leur fournit des services publics, prend soin de ceux qui sont dans le besoin, dans le respect du rôle de chacun. Il soutient les marchés plutôt qu'il ne les remplace par des nationalisations et des interventions publiques massives. Ce soutien implique la régulation, il implique l'intervention gouvernementale avec pour objectif de s'assurer que le marché fonctionne, mais il ne se substitue pas à lui. C'est cette forme de gouvernement, qu'il s'agisse de ceux d'Asie orientale ou des pays anglo-saxons, qui a le mieux réussi à assurer la croissance économique. Je ferai remarquer à cette occasion qu'il y a là un point de convergence entre l'histoire de la croissance économique au sens large et celle des systèmes juridiques. Le dernier quart de siècle a été celui de la *Common law* et du système économique anglo-saxon. Cela ne veut pas dire que ce sera toujours le cas. Mais dans un monde de croissance économique, de marchés et de globalisation, la *Common law* semble être le système économique et juridique qui fonctionne le mieux.

Quel est l'avenir du capitalisme ? Il est difficile de faire des prédictions. Nous vivons dans un monde de concurrence intense entre les entreprises, ce qui est heureux car la concurrence entre les pays débouche inévitablement sur des conflits armés. Dans ce monde de concurrence, les entreprises qui gagnent sont celles qui innovent le mieux et qui utilisent au mieux les infrastructures publiques et le capital humain. A mon avis, si le monde reste en paix, les vingt-cinq prochaines années ressembleront dans une large mesure aux vingt-cinq dernières, au sens où seront prépondérants les systèmes juridiques et politiques propres à encourager la croissance économique sans interférences avec les marchés. Bien sûr, si le monde entre en guerre, les choses seront différentes, mais aussi longtemps que nous pourrons profiter de la paix, je crois qu'il y aura une convergence croissante vers ce qu'on appelle aujourd'hui le modèle anglo-saxon et que la part de marché de ce modèle va augmenter. Bien sûr, ce n'est qu'une hypothèse, exercice des plus risqués pour un économiste, mais peut-être aurons-nous la chance de pouvoir y revenir d'ici quelques années.

Andrei SHLEIFER,
Harvard.

3

Le modèle américain sur une mauvaise pente

Soyons modestes et gardons en mémoire le scepticisme notoire de Winston Churchill à propos des économistes. Il aurait dit un jour : « Si vous demandez leur avis à quatre économistes, vous aurez cinq points de vue différents, dont deux de John Maynard Keynes. »

Il existe plusieurs formes de capitalisme dans le monde de l'OCDE, en particulier en Europe. Je pense que les modèles de civilisation sociale varient de façon spectaculaire ne serait-ce qu'entre la Grande-Bretagne, la France, l'Italie et la Suède et vont bien au-delà des politiques publiques car elles sont fondamentalement déterminées par la manière dont fonctionnent les entreprises et par les caractéristiques des régimes de production. Les différences fondamentales entre les capitalismes que l'on constate entre les pays développés sont le reflet de leur civilisation sociale, dont la distribution des revenus n'est pas la seule manifestation. Je pense enfin qu'il y a des différences entre ce que nous appelons les économies libérales de marché, entre autres entre ce qu'on appelle le capitalisme anglo-saxon, et les économies de marché coordonnées telles que celles d'Europe du Nord.

Quel que soit leur type de capitalisme, les pays développés vont devoir faire face à des défis importants dont le principal viendra de l'internationalisation du capital. La libre circulation des flux financiers est en train de transformer les marchés financiers, ce qui a des répercussions profondes sur la gouvernance des entreprises. Cela est particulièrement significatif, selon ma perception des capitalismes, parce que les institutions qui sous-tendent la gouvernance d'entreprise sont intimement liées à la nature des relations du travail. Pour maintenir des relations de travail telles que celles que l'on trouve en France, en Allemagne ou aux Etats-Unis, il faut des règles de gouvernance d'entreprise spécifiques et des marchés qui leur correspondent. En d'autres termes, si un pays est prêt à accepter les prises de contrôle hostiles et la mobilité du capital que l'on trouve aux Etats-Unis, en Grande-Bretagne et de plus en plus en France, il n'est pas possible de maintenir le niveau de protection de l'emploi, de cogestion et d'implication des salariés tel qu'il existe en Europe du Nord ou en Allemagne. L'internationalisation de la finance est une sorte d'intruse qui pèse sur la diversité des capitalismes, y compris dans les pays développés. Si l'on compare l'économie de la France et celle de l'Allemagne ces vingt dernières années, on se rend compte que l'économie française a changé plus que n'importe quelle autre économie d'Europe occidentale. Elle ressemble de plus en plus à l'économie britannique, en partie parce que la finance est devenue ouverte et mobile, ce qu'elle n'était pas dans les années 60 ou 70. Cette évolution a eu un impact sur les relations sociales. Par opposition, la gouvernance d'entreprise est restée relativement fermée en Allemagne. Certes il y a eu des changements, en particulier dans la mesure où les banques allemandes ont commencé à s'intéresser au marché international. Mais de fait, chacun des députés allemands du Parlement européen a voté contre la version dure des directives sur les OPA. Comment une nation peut-elle réagir à la vitesse requise aux exigences de plus en plus pressantes des actionnaires dans des marchés de capitaux de plus en plus mobiles ? Cette question résume le premier défi.

Le second défi est celui de la montée des services que je ne ferai que mentionner. De nouveaux emplois devront être créés dans le secteur des services et cette mutation représente une menace pour certaines formes de capitalisme.

Qu'est-ce que cela laisse présager pour l'avenir, en particulier pour les économies de marché coordonnées de l'Europe du Nord ? Toutes ces économies vont changer. Elles sont déjà en train de changer. Le travail à temps partiel devient plus courant, les systèmes de Sécurité sociale évoluent et, dans tous les cas de figure, nous assistons à une internationalisation de la finance. Ces changements gommeront-ils en fin de compte les caractères distinctifs des économies suédoise, danoise, autrichienne ou allemande, par exemple ? Sans doute très peu. Je vois deux développements majeurs. Le premier mouvement se fera en direction d'une flexisécurité telle qu'on la trouve dans le modèle danois par exemple qui a remplacé la protection de l'emploi par la protection du chômage sans entraîner de changement radical des marchés de capitaux. Le second mouvement se fera vers la montée en puissance d'un marché du travail parallèle, dont on trouve l'exemple le plus patent en Allemagne, mais qui existe déjà dans tous ces pays. Quatre millions de salariés allemands ont des « mini-jobs » qui paient moins et qui offrent des avantages sociaux moins importants ; ce marché du travail secondaire existe aujourd'hui parallèlement au marché du travail traditionnel de l'économie allemande. Cette évolution détruira-t-elle l'économie ? Certains le craignent, en particulier certains syndicalistes allemands. Personnellement, je ne le pense pas. L'exemple du Japon montre que ces économies peuvent effectivement fonctionner sur la base de ce double marché du travail.

Paradoxalement, ces économies de marché coordonnées ont été plus lentes à s'adapter à la globalisation de l'économie, en conséquences, ces cinq ou dix dernières années n'ont pas semblé bien concluantes. Mais je pense que les adaptations se sont faites ou qu'elles sont en cours et que si la croissance continue au rythme que nous voyons aujourd'hui en Chine, en Russie et d'une façon générale dans les économies émergentes, ce sont les économies de marché coordonnées d'Europe qui sont les mieux placées pour en profiter les vingt prochaines années. Aujourd'hui, je me fais plus de souci pour l'économie américaine, ne serait-ce que parce que au cours de mes voyages, j'échange des dollars contre des euros ou des dollars contre des livres à deux contre un, ce qui me donne parfois le sentiment de venir d'un pays sous-développé. En tout état de cause, je viens d'un pays où les gens travaillent de plus en plus, où on assiste à une augmentation considérable des emplois à faible valeur ajoutée, où l'économie de service est certes développée, mais court constamment le risque d'être délocalisée. Je dirais que d'une certaine façon, les économies européennes ont trouvé la voie du succès et que c'est le modèle américain de capitalisme qui est sur une mauvaise pente.

Peter A. HALL,
Harvard.

4

Plaidoyer pour une histoire longue

Je crois que le XXIe siècle est né avec la crise asiatique. Le capitalisme y a amorcé une de ces bifurcations qui ont jalonné son histoire. N'oublions pas notre vision des choses après la chute du mur de Berlin : la mondialisation était vue comme une projection du capitalisme occidental sur le monde entier, avec uniformisation progressive. Cela était codifié dans le consensus de Washington et idéologisé dans le slogan « la fin de l'Histoire ». Tout cela s'est brisé sur un chapelet de crises financières entre 1998 et 2002, de sorte que le futur est de nouveau ouvert. C'est plutôt la bonne nouvelle. Seulement, si le futur est de nouveau ouvert, il faut être capable d'en avoir au moins une idée et de savoir avec quels outils l'analyser.

Je me placerai d'un point de vue peut-être assez voisin de celui, notamment, de Peter Hall, mais avec d'autres outils, qui sont les outils que j'ai utilisés depuis des décennies, ceux de l'histoire longue, ceux que m'ont enseignés de très grands historiens comme Fernand Braudel ou comme David Landes. En sachant bien à quel exercice de funambule je vais me livrer, je vais essayer de dégager cinq conclusions, cinq leçons, à partir desquelles on pourrait peut-être avoir des outils d'analyse du futur.

– Depuis son émergence au XIIIe siècle (il ne faut pas oublier que le capitalisme vient de loin) en Europe occidentale, le capitalisme a toujours été à la fois global et inséré dans des structures sociales qui fabriquent des différenciations toujours renouvelées. Le capitalisme tire son dynamisme de ces différenciations. Il est donc, je crois, peu pertinent de penser à des processus de convergence vers une situation idéale où le monde entier deviendrait homogène. S'il en était ainsi, le capitalisme disparaîtrait probablement et ferait place à un autre système économique et social régulé politiquement au niveau mondial.

– Economie de marché et capitalisme sont liés, mais ne se confondent pas. Le capitalisme est une force d'accumulation, il n'est pas autorégulateur, pas plus qu'il ne converge vers un modèle idéal : l'inégalité est son essence.

– Autre caractéristique tirée de l'enseignement historique : il n'y a pas d'indépendance, et encore moins de primauté de l'économique, notamment parce que la monnaie est un bien public. Les règles qui l'instituent émanent d'une souveraineté. De son côté, le travail salarié est très loin de se réduire à une marchandise. Il est régulé par des normes sociales et ces normes sociales s'insèrent dans des cultures, lesquelles sont validées par la souveraineté d'Etats.

– Dans la dynamique longue, ce sont les institutions qui dominent et non pas les structures de marché. Ce sont les institutions qui guident la régulation d'ensemble et, dans les institutions, avant tout les croyances collectives. Car les croyances collectives sont ce qui exprime le bien commun, bien commun qui est la manière dont des groupes humains décident de vivre ensemble. Les biens communs d'une société sont d'abord des croyances et ces croyances sont celles qui façonnent le temps le plus long des sociétés. Braudel nous l'a bien montré : le temps qui change le moins vite, celui qui donne la permanence des structures sociales est en réalité le socle sur lequel on peut vivre, parce qu'on a des repères. Mais ces structures de croyances qui sont, en quelque sorte, des institutions informelles, comme dirait Douglas North, sont reprises par l'Etat, et l'Etat les incorpore dans les institutions formelles. Il en résulte que le sens profond de l'Etat et sa raison d'être, c'est bien le bien commun, c'est-à-dire l'accès de tous au bien public et à l'élaboration des principes de justice. Si l'Etat réussit cela, il acquiert une puissance et non pas une richesse, car il est du côté de la puissance. Et cette puissance peut dominer et en réalité réguler le processus d'accumulation de la richesse, à condition que l'Etat soit légitimé par l'adhésion de la société. Cela permet de voir la cohérence des sociétés et l'incohérence d'autres sociétés, comme nombre de pays africains.

Si on admet ces idées, il s'ensuit que l'on doit penser le capitalisme mondial comme une confrontation asymétrique de politiques de puissance. C'est la politique qui domine l'évolution du capitalisme mondial. Une confrontation de politiques de puissance, mais qui est médiatisée par des interdépendances financières, et ces interdépendances financières qui médiatisent les relations de puissance entre les Etats ont fondé les centres financiers dominants, les lieux privilégiés de captation de la valeur.

Comment ces éléments d'analyse peuvent-ils éclairer quelques tendances du capitalisme du début de ce XXIe siècle ? Je citerai seulement quatre grands problèmes et, me semble-t-il, quatre défis.

Premier défi : les pôles de croissance sont maintenant dans les politiques de puissance des Etats émergents. Rappelons ici les statistiques d'Angus Madison. En 1820, les pays qu'on appelle émergents aujourd'hui faisaient 70 % du PIB mondial exprimé en parité de pouvoir d'achat. Ils ont été à l'écart de la Révolution industrielle et en 1913, leur part était tombée à 40 %, avec un minimum de 35 % en 1950. A partir de 1960, la tendance s'est inversée sous l'effet de trois grands facteurs, qui sont la décolonisation et le décollage asiatique, les chocs pétroliers, qui ont joué un rôle très important avec la rareté des ressources énergétiques fossiles, et enfin les ouvertures successives du commerce international. Sous l'effet de ces forces, dès lors qu'elles ont pu être mobilisées par des politiques de puissance dans un certain nombre de grands Etats dits du tiers-monde, en 2005, le PIB agrégé de ces pays atteignait 50 % du PIB mondial. Si l'écart de croissance entre ces pays et nos pays, c'est-à-dire l'ensemble des pays occidentaux, se maintient, même si la croissance mondiale dans son ensemble ralentit, en 2025 il atteindra 66 % du PIB mondial, c'est-à-dire pratiquement l'effacement de la Révolution industrielle. Nous retrouvons une diversité des capitalismes sous l'influence des relations de puissance. Il faut penser le monde du XXIe siècle comme un monde polycentrique qui pose des problèmes de gouvernance internationale dont je ne parlerai pas ici.

Deuxième défi : une nouvelle donne est possible pour les pays en retard de développement. On sait que les inégalités se creusent aujourd'hui entre les nouveaux pôles de croissance et les pays en retard, c'est-à-dire les pays encore sous-développés. Pourquoi ? Parce qu'ils n'ont pas pu se constituer en nations souveraines capables d'avoir des politiques de puissance. Cependant, la diversification rapide du commerce international en premier lieu, la pénétration fulgurante de la Chine en Afrique en deuxième lieu et l'affaiblissement des institutions issues des accords de Bretton Woods en troisième lieu, détendent les rapports de dépendance des pays africains vis-à-vis des puissances occidentales. De ce jeu croisé d'influences contradictoires, bien des marges de manœuvre peuvent être saisies par les pays d'Afrique et cette détente d'un rapport exclusif de dépendance peut être un élément important de croissance et de décollage, enfin, de la zone africaine.

Troisième défi : la transition démographique et le développement durable, dans leurs conséquences en termes de rapports de puissance entre tous les pays du monde. Il y a possibilité d'un transfert générationnel mutuellement avantageux au niveau mondial, puisque les pays en croissance sont aussi des pays jeunes. Aujourd'hui, les pays qui ont accumulé du capital sont des pays vieillissants. Mais cela implique, me semble-t-il, une transformation profonde de la finance mondiale, car il faut avoir un horizon de long terme. En outre, il faut assumer le développement de systèmes financiers compétitifs dans ces fameux pays émergents. La montée en puissance des fonds d'investissement publics est peut-être un prélude à une transformation profonde de la finance internationale. Cela peut modifier assez radicalement la régulation financière par rapport à celle que l'on a connue depuis le début de la libéralisation. C'est une piste à poursuivre, je crois.

Quatrième défi : il est probable que la trajectoire de croissance des émergents n'est pas compatible avec les prélèvements sur les ressources non renouvelables, caractéristique du mode de vie occidental. Qu'est-ce que cela signifie ? Deux choses. La première, c'est qu'il peut y avoir une dépression catastrophique, par contrainte de rareté absolue, qui peut se produire à un point quelconque de ce siècle mais en conséquence, que les innovations nécessaires pour la conjurer sont à incorporer tout de suite, et que ceci donne une orientation nouvelle à l'innovation, celle de détendre les contraintes de rareté. Mais pour les conjurer, les percées technologiques ne seront certainement pas suffisantes. Il faut penser aujourd'hui que les transformations les plus importantes en termes d'innovation ne sont pas forcément dans l'offre, mais du côté des modes de consommation, du côté des modes de vie, pour réduire massivement le gaspillage des ressources. On aboutit à ce défi majeur qui est peut-être le plus intéressant : ce serait, pour les pays de nouveau capitalisme, de sauter une étape de développement, car il est tout à fait impensable de croire qu'ils vont, en continuité, atteindre le mode de vie occidental d'aujourd'hui, avec les taux d'équipement qui existent en termes de biens matériels. Le défi est de sauter une étape de développement vers des modes de consommation qu'on pourrait peut-être appeler postmodernes et qui finiraient de transformer les rapports de force que l'on a eus au XXe siècle. Dans ces conditions, le XXIe siècle serait donc très profondément différent du XXe.

Michel AGLIETTA,
Université Paris-X.

CHAPITRE III

LE CAPITALISME FINANCIER EN QUÊTE DE CONVERGENCES

« Il faut peut-être commencer, si on veut vraiment jouer en faveur de la globalisation, à penser de façon inverse : appliquer des politiques différenciées à des réalités différentes, pour obtenir des résultats qui seront convergents au niveau international. C'est exactement le raisonnement contraire à celui qui a été utilisé par les grands bailleurs de fonds jusqu'à aujourd'hui. »

Roberto LAVAGNA,
Ancien ministre des Finances d'Argentine.

« Pour optimiser totalement les investissements étrangers dont les effets positifs sur le développement local sont avérés, les gouvernements des pays émergents pourraient focaliser leurs efforts non plus sur les incitations fiscales en direction des multinationales mais plutôt sur le soutien des fondamentaux du développement de l'économie locale : l'environnement concurrentiel, la réglementation sectorielle, les infrastructures physiques et légales. »

Eric LABAYE, McKinsey & Company.

Que l'on parle de formes de capitalisme ou que l'on parle de capitalismes différents, il existe aujourd'hui une réalité économique majeure qui domine la question et qui est celle de la globalisation financière. Certains imaginent un énorme nuage noir qui porte les orages de demain. D'autres ne perçoivent que sa bordure dorée et imaginent la pluie d'or de Danaé. En réalité, le processus de globalisation financière affecte l'entreprise et son mode de gouvernance. Il modifie les rapports de force entre ses différentes parties prenantes. A travers l'entreprise, il affecte le tissu social propre à chaque nation. La question est donc de savoir s'il faut aller dans le sens de la globalisation financière en espérant que ses retombées seront bénéfiques pour chacun. Les liens entre globalisation financière et croissance sont à cet égard ambigus. Faut-il au contraire y résister pour préserver les équilibres sociaux et les spécificités culturelles qu'elle pourrait menacer ? Dans un cas comme dans l'autre, les possibilités de conflits existent. La perte des équilibres sociaux, l'aggravation du fossé entre riches et pauvres, provoqués par l'inadaptation des structures nationales à la globalisation, contiennent les germes de conflits de grande ampleur. De son côté, la résistance aux forces de convergence financière peut prendre localement des formes conflictuelles.

1

La globalisation financière va-t-elle réduire la diversité des capitalismes ?

Même à « la fin de l'Histoire », après l'effacement des systèmes socialistes, le capitalisme continue à se définir par la forme de propriété des moyens de production et d'échange. En conséquence, on doit considérer que ce qui différencie « les » capitalismes, c'est la façon dont ils organisent le partage des droits de propriété, c'est-à-dire le pouvoir de décision économique et la distribution des revenus résiduels (au-delà des engagements contractuels). En d'autres termes, c'est le poids dont dispose chaque acteur ou groupe d'acteurs impliqué dans le processus de production : apporteurs de capitaux, salariés, autres « parties prenantes ». C'est bien pourquoi il nous semble faux de croire qu'il n'existe qu'un seul capitalisme, identifié à l'économie de marché, dont les formes varient en fonction de la place du secteur public, des régimes de protection sociale, des types de régulation... Les capitalismes sont différents, leur dynamique est différente, parce que les droits de propriété qu'ils reconnaissent aux divers groupes d'acteurs sont dissemblables. Et ils sont en guerre parce que la logique de chacun a vocation à s'étendre au-delà de ses frontières. L'affrontement entre les capitalismes ne se règle pas seulement sur les marchés, en termes de compétitivité. Il s'opère aussi à travers la diffusion de valeurs et l'emprise qu'exercent certaines de leurs institutions ou certaines parties de leur organisation respective.

Cette façon de comprendre la diversité des capitalismes va nous amener, d'abord, à évoquer les différences existant entre les systèmes de financement et de gouvernance, puis à considérer le rôle de la globalisation dans leurs transformations actuelles et/ou à venir, et enfin à envisager les implications qu'elles pourraient avoir sur les autres dimensions institutionnelles des systèmes économiques et sociaux.

Des systèmes financiers et de gouvernance encore bien différenciés

Les caractéristiques d'un système financier déterminent le pouvoir des apporteurs de capitaux dans l'entreprise car l'importance et les modalités de ce pouvoir ont des répercussions importantes.

L'apport en fonds propres et le prêt ne confèrent évidemment pas les mêmes droits de propriété. On pourra même s'étonner que l'on parle de droit de propriété à propos de contrats de dette. Mais il n'y a pas là d'abus de langage puisque les créditeurs ont la possibilité de prendre des garanties sur les actifs, donc de les soustraire à l'entreprise et de se les réapproprier en cas d'insolvabilité ; de même les créditeurs ont la possibilité, du moins dans certains pays, de prendre la direction de l'entreprise lorsque celle-ci est incapable de faire face à ses engagements. C'est pourquoi le contenu des contrats de dette (les garanties, la maturité, les clauses optionnelles...) est également important, puisqu'il définit les contraintes qu'imposent les créditeurs. Au demeurant, les apporteurs de capitaux ne sont pas les seuls destinataires possibles des droits de propriété. Les salariés mais aussi les fournisseurs de l'entreprise peuvent également être associés aux décisions et aux résultats selon diverses modalités. Il ne s'agit pas seulement de participation aux bénéfices ou de distribution de stock-options. Pour les salariés, ce peut être aussi l'assurance de profiter, en termes de promotion ou de stabilité de l'emploi, des opportunités de croissance de l'entreprise, ou encore de figurer dans les instances de contrôle et de décision. Pour les fournisseurs, ce peut être une relation de partenariat qui les associe au succès de la firme cliente qui peut aller jusqu'à la mise en commun de nouveaux projets ou d'activités de recherche et développement. Toutes ces dispositions ne sont ni des curiosités ni des clauses décoratives ; ce sont au contraire des formes d'organisation capables de mobiliser l'ensemble des parties prenantes autour d'un projet commun. Cela pour dire que le partage des droits de propriété est à géométrie très variable, ce qui se traduit par une grande diversité du contenu des contrats financiers.

En ce qui concerne les formes de contrôle qu'exercent les apporteurs de capitaux sur les décisions de l'entreprise, rappelons que le contrôle par les marchés, c'est-à-dire par les prix ou par l'éventualité d'OPA, n'est pas de même nature et n'a pas les mêmes conséquences que le contrôle intermédié. Dans ce dernier cas, la relation à l'entreprise est bilatérale et hiérarchique ; elle laisse place à la négociation, l'échange d'informations informelles et elle se valorise dans la durée. Tandis que les relations de marché sont anonymes, décentralisées ; pour cette raison, elles n'autorisent aucun engagement durable et se fondent sur des informations quantifiables ou du moins publiquement communicables. Ces différences ont des conséquences sensibles sur l'horizon de décision de l'entreprise, ses réactions aux aléas de l'environnement, ses possibilités de négociation avec les autres parties prenantes.

Ces deux facteurs ont une influence décisive sur l'identité et les caractéristiques des investisseurs car leurs comportements et leurs exigences vis-à-vis de l'entreprise peuvent être très différents. Les investisseurs individuels, les fonds de placement (qu'il faudrait distinguer selon leur style de gestion), les fondations n'ont pas les mêmes opportunités d'arbitrage, le même horizon, le même poids dans le contrôle de l'entreprise. Par définition, la banque de relation n'entretient pas non plus les mêmes apports avec la clientèle que la « banque à l'acte ». En ce sens les oppositions souvent faites entre système « *bank oriented* » et « *market oriented* », ou entre les modèles « rhénan » et « anglo-saxon » sont utiles mais simplifient parfois exagérément les termes du débat. Elles sont utiles parce qu'elles permettent d'illustrer, quitte à caricaturer, une opposition radicale entre un système financier dans lequel le contrôle est exercé par les prix des marchés, par des investisseurs dispersés soucieux de rentabilité à court terme, et un système dominé par des intermédiaires financiers nouant avec les entreprises des relations de contrôle direct et respectueux du long terme. Mais les classifications sont en même temps très insuffisantes, parce que le partage entre marchés et intermédiation est devenu de plus en plus flou, les banques étant impliquées dans l'un et dans l'autre. Et surtout, ce clivage ignore toutes les différences qui peuvent exister dans l'organisation des marchés et des institutions financières, car les conditions de détention des titres par exemple, changent complètement le rôle des marchés. Le contrôle indirect par les prix s'exerce principalement lorsque le capital est dispersé entre un grand nombre de porteurs. Au contraire, s'il est concentré entre les mains d'un petit nombre d'investisseurs, ces derniers sont à même de contrôler directement les décisions de la firme : on est alors dans une forme de gouvernance proche de celle qu'exercent les intermédiaires financiers. De la même manière, le comportement des banques est évidemment conditionné par le contexte dans lequel elles opèrent, notamment la structure de marché ; l'intensité de la concurrence affecte les relations que les institutions financières nouent et entretiennent avec les entreprises.

Or, si l'on prend en considération tous ces aspects, il apparaît encore des différences importantes entre les systèmes financiers et de gouvernance nationaux. On peut en donner quelques exemples qui sont bien loin d'épuiser la richesse de cette diversité.

D'abord, le développement des marchés financiers apprécié par la capitalisation boursière rapportée au PIB se situe aux alentours de 140 % dans les pays anglo-saxons, tandis qu'elle ressort environ à 80 % en France, près de 60 % aux Pays-Bas et entre 40 et 50 % en Allemagne. Mais surtout, la détention de ces titres est très différente d'un pays à l'autre : dans les pays anglo-saxons il s'agit d'un actionnariat dispersé (surtout au Royaume-Uni), constitué principalement d'investisseurs institutionnels. En Suède, on note l'importance des fondations (en particulier trois fondations de la famille Wallenberg). Les participations croisées sont particulièrement importantes en Italie et le capitalisme familial est déterminant en France mais aussi en Asie... Enfin, l'Allemagne associe à une importante concentration du capital (par les pyramides de participations et par l'implication des institutions financières) la singularité du modèle de cogestion.

D'autre part, la structuration des systèmes bancaires, c'est-à-dire les niveaux de concentration (ou encore de concurrence), le statut des établissements et la gamme de leurs opérations restent hétérogènes entre les pays. Cela se traduit par un poids bien différent dans le financement et la gouvernance des entreprises. En Allemagne, ce poids est particulièrement fort : les banques entretiennent des relations de long terme avec les entreprises et financent largement les PME, même si ces liens tendent à s'affaiblir. De plus, le principe de banque universelle permet une implication des institutions financières dans la gouvernance des entreprises. Au Japon, la « banque principale » unique conduisait également, jusqu'à récemment, à une liaison étroite entre les établissements de crédit et l'industrie. Tandis que la situation est toute différente dans les économies anglo-saxonnes, dans lesquelles les relations entre banques et entreprises sont à la fois moins importantes et moins stables.

Les canaux de la convergence financière

Il n'empêche que dans un certain nombre de pays les particularités des systèmes financiers et de gouvernance semblent mises en difficulté, et on évoque de plus en plus fréquemment l'idée d'une convergence de toutes les formes de capitalisme vers le modèle anglo-saxon. Dans les économies d'Europe continentale, la concentration du capital, et plus encore du contrôle des firmes, est remise en cause par une plus grande dépendance vis-à-vis des marchés financiers, l'intervention de nouveaux acteurs (des fonds d'investissement capables de déstabiliser la structure du capital), l'harmonisation des règles de gouvernance (protection des actionnaires minoritaires, composition des conseils d'administration...). De même que les transformations des systèmes bancaires ont tendance à affaiblir les relations entre institutions financières et entreprises. De façon plus générale, disons que le « capital patient » se contracte à mesure que les opportunités qui lui sont offertes se trouvent accrues et que les contraintes exercées par les marchés financiers le rendent plus fragile.

Dans tous les cas, ces nouvelles exigences de valorisation du capital entraînent une rupture des compromis entre les « parties prenantes » de l'entreprise. Plus précisément, elles s'interprètent comme un déplacement du partage des droits de propriété et de leurs conditions de contrôle au profit des apporteurs de capitaux. En d'autres termes, ceux-ci ont vu s'accroître leur rapport de force aux dépens des autres parties prenantes et notamment des salariés. La conséquence n'en est pas seulement ni même principalement une modification de la distribution des revenus, car celle-ci dépend plutôt à terme de la productivité des facteurs. C'est plutôt que les décisions de la firme (l'allocation de ses ressources, mais aussi les ajustements de court terme) sont prises en pondérant plus fortement la rentabilité observée et anticipée du capital. Dès lors, les relations des autres parties prenantes (et tout spécialement des salariés) à l'entreprise sont ramenées à de simples engagements contractuels qui les rendent plus éphémères. Cela permet à l'entreprise des réactions plus amples et plus rapides, mais, dans le même temps, cela lui ôte le bénéfice de solutions négociées (formes de coordination plus riches et plus paisibles), et cela rend moins incitatifs les investissements spécifiques des autres parties prenantes. En particulier les salariés n'ont plus de raison de se prêter à un jeu coopératif dès lors que leurs droits de propriété, leur place dans la gouvernance de l'entreprise, leur sont retirés au profit d'une logique purement financière d'orientation de la firme.

A ce stade, il est difficile de faire un bilan des coûts et avantages de cette éventuelle convergence, et rien ne démontre qu'elle soit favorable à l'efficience du système économique. Car la création de valeur, au sens large, ne s'identifie pas avec la maximisation de la rentabilité du capital, surtout si celle-ci est principalement appréciée sur le court terme. Le risque majeur lié à la prédominance des critères financiers est d'ailleurs celui d'un raccourcissement de l'horizon de décision des firmes. C'est cela qui est essentiellement en jeu dans les critiques de la financiarisation de l'économie.

Cette montée du pouvoir actionnarial a sans doute des causes multiples. En particulier, le développement des fonds d'investissement est lié largement aux difficultés rencontrées par les régimes de retraite, c'est-à-dire à des phénomènes démographiques. Mais à l'évidence, la globalisation financière a au moins amplifié, sinon totalement déterminé, ces évolutions. Cette influence est passée par deux canaux principaux.

L'activisme actionnarial a été naturellement stimulé par l'internationalisation des flux de capitaux. Le poids des fonds en position d'arbitrage et donc capable d'imposer aux entreprises leurs critères de décision s'en est trouvé directement accru. De plus, le comportement de ces fonds en situation de concurrence est largement court-termiste. Car la masse des capitaux qui leur sont confiés dépend de leur performance observée, ce qui ne leur laisse guère la possibilité de développer des stratégies de placement à long terme. Il existe, bien sûr, des exceptions, mais les contraintes de la gestion déléguée ajoutées à la vigueur de la concurrence induisent une homogénéisation des comportements et une focalisation sur les résultats à court terme. Ce sont ces critères qui se trouvent alors transposés dans l'orientation des décisions de l'entreprise.

Le système bancaire a lui-même subi une évolution de son comportement. D'abord parce que les nouvelles formes de gouvernance se sont aussi imposées aux institutions financières, ce qui signifie que celles-ci sont désormais soumises à de nouvelles contraintes de rentabilité. Ensuite, parce que la concentration du secteur dans un contexte d'accentuation de la concurrence a sans doute fragilisé les relations de long terme entre banques et entreprises. Enfin, parce que les normes comptables et la réglementation prudentielle, définies au niveau international, ont eu tendance à homogénéiser les comportements bancaires en les rapprochant du modèle anglo-saxon. La comptabilité en valeur de marché rend évidemment les performances plus sensibles aux mouvements de court terme, ce qui réduit les possibilités de lissage des conditions de financement : en un sens, cela conduit les intermédiaires financiers à mimer les comportements de marché. De la même façon, la réglementation des fonds propres incite les banques à une tarification à l'acte qui laisse moins de place aux péréquations intertemporelles ou aux subventions croisées entre emprunteurs.

De la convergence financière à celle des capitalismes

Cela étant, les transformations du « cœur financier » des capitalismes nous intéressent surtout parce qu'elles affectent les autres dimensions de l'organisation économique et sociale. Dans la pyramide des contrats explicites ou implicites qui composent cette organisation, les relations financières ont probablement un caractère structurant. Ce qui est en jeu dans l'effet de la globalisation n'est donc pas tant le rapprochement des systèmes financiers et de gouvernance qu'elle provoque que la convergence globale des systèmes économiques et sociaux qu'elle est susceptible d'induire. La convergence financière est l'instrument de destruction de la diversité des capitalismes, ou en l'occurrence de l'alignement sur le système anglo-saxon. C'est l'arme la plus efficace dont dispose ce dernier dans la guerre que se livrent les capitalismes. Parce que la généralisation d'une gouvernance dominée par des critères financiers (la maximisation de la rentabilité du capital) en vient à modeler l'ensemble des relations sociales.

La littérature sur la diversité des capitalismes insiste, à juste titre nous semble-t-il, sur le principe de complémentarité institutionnelle. Il s'agit des interdépendances entre les normes, les règles, les contrats qui encadrent le jeu des acteurs économiques. Elles se définissent par le fait que « l'existence (ou l'efficience) d'une institution accroît les rendements (ou l'efficience) de l'autre ». La présence de ces externalités influe sur le fonctionnement de l'organisation prise dans son ensemble. De sorte que l'efficience, mais aussi la pérennité d'un système économique et social dépendent de la cohérence entre les différentes institutions qui le constituent. Plusieurs exemples peuvent en être donnés.

Considérons, tout d'abord, l'articulation entre le système financier et le type de fonctionnement du marché du travail (lui-même dépendant de la protection de l'emploi, de l'assurance chômage, de la législation du travail...). Un modèle de gouvernance de type *shareholder* (système financier dominé par les marchés) s'accorde mieux avec un marché externe du travail actif, une forte mobilité des emplois, une protection moins restrictive du travail... Car le maintien de la rentabilité, y compris à court terme, implique une flexibilité plus forte de l'emploi, ce qui suppose que les salariés disposent « d'options de sortie » (probabilités de retrouver un emploi) plus importantes. Tandis qu'un modèle bâti sur des relations plus stables entre les salariés et l'entreprise (modèle de type « *stakeholder* ») implique, au contraire, des formes de financement qui s'inscrivent sur le plus long terme, offrant des marges de manœuvre pour lisser les fluctuations de la rentabilité. A cela, il faut ajouter que la stabilité de l'emploi dans l'entreprise nécessite des politiques de formation qui permettent la mobilité interne et le renouvellement des compétences. En d'autres termes, il faut accompagner les investissements spécifiques que réalisent les salariés au sein de la firme.

Ces idées se transposent aisément au niveau des relations inter-entreprises. C'est même là que se situe le principe de la distinction proposée entre les « économies libérales de marché » et « les économies de marché coordonnées ». Dans le premier cas, les relations entre firmes s'opèrent principalement par les marchés et sont régies par des contrats explicites. Tandis que dans le second, ces relations sont plus coopératives, elles se traduisent par la constitution de réseaux, la mise en commun de certaines fonctions (dans la recherche en particulier), des collaborations durables fondées sur des contrats implicites... Or, ces deux types d'économies appellent des systèmes financiers et de gouvernance bien différents. Car l'existence de relations durables entre firmes s'accommode mal d'une logique financière court-termiste. De même qu'en présence de contrats implicites, donc incomplets, il faut que les parties prenantes aient l'assurance que leurs intérêts seront préservés, ce qui revient à leur donner des droits de propriété.

Dans un ordre d'idées assez différent, on peut dire que les contrats entre générations qui soustendent les régimes de retraite façonnent également le système financier, parce qu'une économie où prédomine un système de retraite par capitalisation a besoin d'un marché financier développé et probablement d'une bonne protection des actionnaires minoritaires. En l'absence d'une liquidité et de garanties suffisantes, les fonds de pension ne peuvent investir en toute sécurité. S'il existe des risques d'expropriation par les dirigeants ou les actionnaires minoritaires, le capital se concentre entre les mains de détenteurs de blocs de contrôle et le marché se rétrécit. Au contraire, un régime de retraite par répartition s'accorde mieux avec un système intermédié et/ou une concentration du capital.

Enfin, il existe naturellement une interdépendance entre la structure productive d'une économie et son système financier. On comprend bien que le financement et le contrôle des entreprises en croissance doivent être différents de ceux des entreprises matures : la nature des asymétries d'information et les conditions de leur réduction sont très dissemblables dans l'un et l'autre cas. De même que, selon le stade de développement auquel on se situe, le type d'activités qui composent le tissu industriel ou les technologies mises en œuvre, les structures financières ne peuvent être identiques. Les marchés sont peut-être plus efficaces que les intermédiaires financiers dans les phases de redéploiement, lorsque l'incertitude technologique est plus contraignante que la réduction des conflits d'intérêt entre parties prenantes. Parce que les marchés permettent, à la fois, de réallouer plus rapidement le capital et d'agréger des opinions ou des informations hétérogènes d'origines diverses. Alors que les institutions financières, surtout dans un système bancaire concentré manifestant plus d'inertie, sont dépendantes des appréciations de quelques décideurs et ont une moindre capacité à prendre certains types de risques.

Dès lors, on peut soutenir que c'est moins la globalisation financière que la transformation de la structure productive (spécialement dans les économies développées) qui est à l'origine de la convergence des systèmes financiers et finalement des capitalismes. Ce serait donc la nécessité de créer un environnement financier porteur d'innovations radicales permettant de se situer sur « la frontière technologique » qui expliquerait cette recherche commune de formes de gouvernance offrant à la firme les incitations et la flexibilité utiles à ses réallocations stratégiques. De sorte que la convergence vers le modèle anglo-saxon (où prédominent les marchés et orienté vers la création de valeur actionnariale) serait un gage d'efficience accrue. Ce modèle constituerait une nouvelle « fin de l'Histoire », simplement parce qu'il serait le meilleur, au moins pour des économies développées.

Ce point de vue a sa cohérence et la force de sa simplicité, mais il est aussi très discutable. D'abord, parce que l'on sait qu'il est possible de financer et de développer les mêmes activités, de mettre en œuvre les mêmes techniques de production, selon des modalités bien différentes. Il n'y a donc pas de correspondance stricte entre la structure productive ou le niveau de développement et la forme des systèmes financiers : cette interdépendance existe, mais elle peut prendre des aspects complexes. Ensuite, parce que la focalisation sur les innovations radicales ne constitue pas la seule source d'avantage comparatif pour une économie, développée ou non. Dans certains cas, la maîtrise de technologies plus traditionnelles, ou le positionnement sur des activités plus matures peut être une voie de développement tout aussi efficace. Les performances de l'économie allemande en donnent une bonne illustration. Enfin, parce que l'innovation ne prend pas les mêmes formes selon les secteurs, et ce qui a pu être vrai pour les technologies de l'information et de la communication ne se transpose pas forcément aux biotechnologies. Le temps de maturation n'est pas le même dans les deux cas, de sorte que la mobilisation du capital et la gouvernance ne s'opèrent pas de la même façon. On a sans doute tiré des conclusions très excessives du financement de l'Internet aux Etats-Unis. L'innovation n'a pas seulement besoin de flexibilité dans l'allocation du capital, elle a aussi besoin de temps et de stabilité. De plus, la flexibilité n'est pas le propre des seuls marchés, elle peut aussi s'organiser à l'intérieur de l'entreprise. De même que les marchés ne sont pas le seul lieu de coordination, dans bien des cas, celle-ci s'opère de façon plus efficiente dans le cadre d'institutions, de réseaux, de relations informelles…

Conséquences sur les choix de société

Il y a derrière ces échanges d'arguments des conceptions radicalement différentes de l'origine et des conséquences d'une éventuelle convergence des capitalismes. Ces conceptions débouchent sur des visions opposées de l'issue de la bataille des capitalismes. La question essentielle est en effet de savoir jusqu'où peut aller la convergence financière et dans quelle mesure elle est irréversible. Car de deux choses l'une :

– ou bien, on pense qu'un système financier dominé par les marchés et une gouvernance privilégiant la valeur actionnariale est le mieux adapté au stade actuel de développement du capitalisme, au type de croissance qui le caractérise ;

– ou bien encore, on considère que les systèmes financiers et de gouvernance (ou certains d'entre eux) ont convergé (ou vont le faire) de façon irréversible vers le modèle anglo-saxon, sous la contrainte de la globalisation (ou de tout autre phénomène). Alors, dans l'un et l'autre cas, la solution consiste à mettre en adéquation les autres composantes du système économique et social avec la logique de son « cœur financier ». C'est-à-dire qu'il faut promouvoir une plus grande flexibilité dans le fonctionnement des marchés du travail, des biens et des services. Plus précisément, il faut permettre des ajustements de l'emploi plus rapides (quitte à sécuriser les situations individuelles), favoriser la concurrence (en particulier dans les secteurs protégés), renforcer la protection des créditeurs et des actionnaires minoritaires... Et sans doute, éviter que les interventions publiques ne viennent interférer dans la fixation des prix et des revenus ou l'allocation des ressources. En bref, il s'agit de s'en remettre à une vision libérale du fonctionnement de l'économie et accepter la victoire du capitalisme anglo-saxon ; – ou bien, au contraire, on pense qu'il est possible et souhaitable de préserver une diversité des systèmes économiques et sociaux. Parce qu'il n'y a pas de raison de sacrifier des particularités qui traduisent des préférences politiques et culturelles, et qui s'inscrivent dans une histoire coûteuse à remettre en cause. Dans ce cas, il faut trouver les moyens pour éviter que la globalisation financière ne détruise la cohérence des modèles concernés en imposant un système financier dont la logique est contradictoire avec les autres dimensions institutionnelles. Il faut alors mettre à l'abri la gouvernance des entreprises par rapport au jeu des marchés et aux expéditions lucratives de fonds que motive trop exclusivement la rentabilité de court terme. Cela suppose de retrouver des sources de « capital patient », par exemple en développant l'actionnariat salarié ainsi que l'épargne susceptible de rester durablement investie (on pense en particulier aux fonds de pension publics). Il faut aussi s'efforcer de réguler les acteurs et les opérations capables de déstabiliser les logiques industrielles de long terme. Il faut, enfin, réserver une place plus grande à l'intervention publique dans son rôle de stabilisation macroéconomique.

Cette opposition de points de vue recouvre donc des choix politiques majeurs. Car si on laisse la convergence financière aller jusqu'à son terme, il semble difficile de préserver la diversité des systèmes économiques et sociaux. Jusqu'à présent, il n'a pu être démontré empiriquement que cette diversité devait fatalement se réduire sous l'influence d'impératifs technologiques ou économiques. Il n'a pas été prouvé qu'un type de capitalisme soit supérieur aux autres du point de vue des performances économiques de long terme. Si cela reste vrai, il n'y a aucune raison de laisser les forces de la finance détruire des modèles exprimant des préférences collectives dissemblables.

2

La globalisation n'est pas au cœur du financement des capitalismes émergents

La globalisation financière a été très largement justifiée par ses effets escomptés sur la croissance des pays pauvres. En théorie, en effet, grâce à la libéralisation et à l'ouverture des systèmes financiers, la rareté relative du capital devrait gouverner l'ampleur et l'allocation des flux internationaux de capitaux, conduisant à des transferts d'épargne des pays les plus riches vers les pays les plus pauvres. Couplée à la hausse de l'investissement, il devrait en résulter une accélération des gains de productivité et des taux de croissance parmi les pays initialement les moins bien dotés en capital, de nature à induire une convergence accrue des niveaux de vie et des revenus par tête.

A première vue, l'histoire économique de ces vingt dernières années ne contredit pas un tel scénario. La croissance comparée des économies avancées, d'un côté, et des pays émergents et en développement, d'un autre côté, témoigne d'un rattrapage accéléré au bénéfice de ces derniers : pour les périodes 1989-1996, 1997-2004 et 2005-2008, le taux de croissance moyen du PIB pour l'ensemble des pays avancés ne varie pas, et reste plafonné à 2,7 % ; pour les pays émergents et en développement, en revanche, cette croissance non seulement est significativement plus élevée, mais en outre elle s'accélère, avec des taux, respectivement de 3,7 % et de 5,3 % pour les deux premières sous périodes, et le FMI prévoyait encore tout récemment, une croissance moyenne de 7,5 % pour les années 2005-2008. Dans le même temps, la globalisation financière s'est considérablement étendue et la circulation internationale de l'épargne a beaucoup progressé, surtout ces dernières années, puisque les flux bruts de capitaux, qui représentaient environ 6 % du PIB mondial en 1995, avoisinent désormais les 15 % de la richesse mondiale créée chaque année.

Pourtant, à y regarder de plus près, en observant les données, on ne parvient pas à associer aussi mécaniquement la globalisation financière et la croissance des capitalismes qui se consolident au sein des pays émergents ou en développement (PED).

La redécouverte du paradoxe de Lucas

Il y a une vingtaine d'années, Robert Lucas avait déjà attiré l'attention sur le fait que les mouvements de capitaux allant des pays riches vers les pays pauvres ne représentaient qu'une part relativement faible des transferts nets d'épargne. Or, ce phénomène s'est fortement accentué, surtout depuis 2000, et l'on redécouvre aujourd'hui ce qu'il est convenu d'appeler le *paradoxe de Lucas*. Pour l'essentiel, les mouvements de capitaux bruts restent polarisés parmi les pays industriels ou les économies à revenu intermédiaire, et non pas entre les pays riches et les pays pauvres.

En 2005, les pays les plus avancés (Etats-Unis, Canada, Japon, Royaume-Uni et Zone euro) ont enregistré des entrées de capitaux de 4 518,8 milliards de dollars et des sorties pour un montant de 3 721,2 milliards de dollars. S'agissant des pays émergents et en développement, les entrées s'élevèrent à 716,4 milliards de dollars et les sorties à 1 174,4 milliards de dollars. Les flux de capitaux des PED ne représentent donc qu'environ 15 à 30 % des transferts d'épargne réalisés par les pays les plus avancés. Si l'on raisonne en termes de mouvements de capitaux nets, les pays émergents apparaissent depuis peu comme les premiers exportateurs d'épargne de la planète, à hauteur de 458 milliards de dollars en 2005, de 638 milliards de dollars en 2006. Ces chiffres ne recouvrent pas seulement des flux de capitaux privés. Ils intègrent la progression des réserves de change dont on connaît l'ampleur parmi les pays asiatiques ou du Moyen-Orient. Et c'est surtout depuis le début des années 2000 qu'un petit nombre de pays émergents dégagent de tels excédents courants, synonymes de sorties nettes d'épargne. Mais que l'on se réfère aux transferts bruts ou nets de capitaux, on est très loin des schémas théoriques prévoyant le financement net des PED par l'épargne disponible des pays industriels.

Qu'en est-il, alors, de la relation qui s'établit entre les transferts de capitaux et la croissance des pays émergents ou en développement, à un horizon de vingt à trente ans ?

Une relation ambiguë entre les flux internationaux de capitaux et la croissance des capitalismes émergents depuis les années 70

Là encore, on est loin des schémas établis. A titre d'exemple, sur la période 1980-2000, la Corée n'a reçu, en moyenne, aucun flux net de capitaux avec un taux de croissance moyen du PIB par tête de 5,4 % par an, tandis que Madagascar a enregistré l'équivalent de 6 % de PIB d'entrées de capitaux pour un taux de croissance du PIB négatif, de – 1,3 % par an.

Sur la période 1970-2004, le montant net de capitaux étrangers se dirigeant vers les PED à croissance élevée s'est avéré inférieur à celui que reçoivent les PED à croissance moyenne ou faible. En étudiant le lien entre les soldes des paiements courants, qui résultent de l'écart entre taux d'épargne et taux d'investissement domestiques, d'une part, et les taux de croissance économique, d'autre part, on observe une corrélation positive, contraire à l'intuition. Ce sont les PED qui ont relativement le moins recours à l'épargne étrangère qui connaissent la croissance la plus élevée, comparativement à l'ensemble des pays de même catégorie. Ce sont surtout les pays à taux d'investissement domestique très élevé qui s'en sortent le mieux, ce qui n'est guère étonnant, mais, surtout, ce sont les pays dont les déficits courants sont les plus faibles, ou qui enregistrent en moyenne des excédents courants, et donc qui font le moins appel à l'épargne externe et aux entrées de capitaux, qui enregistrent les taux de croissance de longue période les plus élevés parmi les pays émergents et en développement. Au cours de la période 1985-97, caractérisée par une véritable *explosion* des transferts d'épargne vers les pays émergents, cette relation reste vérifiée.

Contrairement à certaines idées reçues, on ne saurait donc considérer que la globalisation financière constitue la source principale de l'accélération de la croissance des capitalismes émergents depuis une vingtaine d'années. Mais dispose-t-on d'une évidence empirique plus conforme à l'intuition théorique s'agissant de l'impact spécifique des investissements directs réalisés par les firmes (IDE) ?

Le rôle des investissements directs étrangers dans la croissance des pays pauvres

En 2004, une étude menée par plusieurs économistes du FMI sous la direction de K. Rogoff avait reçu un très fort écho en ne parvenant pas à exhiber empiriquement un effet significatif de la libéralisation financière sur la croissance des pays les plus impliqués dans ce processus. L'actualisation récente de cette analyse a quelque peu relativisé le diagnostic, sans réellement modifier le message : les effets de la globalisation financière sur la croissance des pays émergents sont loin d'être systématiques. Et s'agissant des IDE, là encore, on n'observe pas une relation globalement positive entre leur montant et la croissance du PIB des pays d'accueil. Par contre, dès que l'on analyse les effets des IDE en données microéconomiques, par industries, ou par types d'activités, les conséquences positives apparaissent, autant en termes de gains de productivité qu'en ce qui concerne la croissance. Mais ce n'est qu'en distinguant la qualité des IDE (caractéristiques des pays d'accueil, des projets, des industries concernées…) qu'un tel effet sur la croissance peut être exhibé, en particulier quand ces IDE concernent des secteurs d'activité nécessitant des capitaux propres importants et dans lesquels le niveau de qualification de la main-d'œuvre est élevé. Dans les autres cas, la relation n'est pas significative.

Même en se focalisant sur les IDE, il n'y a donc pas d'effet massif et global des transferts de capitaux sur la croissance des émergents, mais seulement des effets spécifiques ou sectoriels.

En définitive, la globalisation financière joue seulement un rôle de catalyseur dans la croissance des capitalismes émergents

Pourquoi la globalisation financière ne joue-t-elle pas un rôle plus significatif sur l'allocation efficiente de l'épargne à l'échelle planétaire et sur la croissance économique des capitalismes émergents au sud de la planète ? Contrairement aux thèses défendues par certains thuriféraires de la libéralisation et de l'ouverture financières, ce sont les niveaux élevés de l'épargne interne, relativement à l'investissement domestique, bien plus que l'ampleur des transferts d'épargne externe, qui se trouvent associés à une croissance forte parmi les pays émergents et en développement. Les entrées de capitaux, plus qu'une réponse à la pénurie relative de capital, constituent un catalyseur des transformations en cours, sur le plan économique ou politique, en important de nouvelles exigences (crédibilité, transparence, gouvernance, qualité des infrastructures...). Plus que l'impact direct des afflux d'épargne étrangère, ce sont leurs effets collatéraux ou indirects qui comptent, en l'occurrence l'impact sur le développement du secteur financier, sur la discipline macroéconomique, et, plus généralement, sur la gouvernance d'ensemble, tant au niveau de l'Etat qu'en ce qui concerne les entreprises.

Du coup, même si elle contribue au rapprochement des institutions du capitalisme, la globalisation financière ne saurait être considérée comme le vecteur irrésistible d'une convergence des capitalismes à l'échelle de la planète. L'allocation de l'épargne et la dynamique de l'investissement, qui sous-tendent la croissance des pays émergents, restent soumises à des impulsions fondamentalement endogènes qui ont toutes chances de maintenir la diversité des capitalismes, du Nord au Sud. Comme l'écrit fort justement D. Rodrik dans son dernier ouvrage, *One economics, but many recipes.*

3

La globalisation financière, terrain d'affrontement des capitalismes

Que la globalisation financière soit une force de convergence ne fait guère de doute. En unifiant la logique dans laquelle les actionnaires exercent leurs droits de propriété comme les marchés sur lesquels les titres s'échangent, en homogénéisant les règles auxquelles les intermédiaires financiers sont soumis et leurs objectifs de rendement, cette globalisation, partout où elle progresse, rend les principes qui guident la valorisation des capitaux investis toujours plus homogènes. Par ce biais, elle est un facteur particulièrement puissant de convergence des économies. Sa puissance n'est toutefois ni aussi irrésistible ni aussi totale qu'on le dit souvent. Cette force est loin en effet de s'exercer sans obstacle : la diversité des systèmes économiques, politiques et sociaux qui existent aujourd'hui sur la planète est, par elle-même, un frein efficace à la globalisation financière. La globalisation ne peut donc « forcer » les sociétés à converger : pour que ses effets s'exercent, il faut d'abord que ces sociétés acceptent de s'ouvrir à elle. En gérant, par divers moyens, le rythme et le champ de leur ouverture, les Etats peuvent décider aussi bien de l'intensité de la force de convergence qu'ils vont subir que de ses points d'application ; en ne réduisant que lentement l'incertitude juridique qui pèse sur le fonctionnement de leurs économies, ils peuvent préserver largement l'autonomie des stratégies de développement qu'ils mettent en œuvre, en même temps d'ailleurs qu'ils mettent l'ordre politique et social en place à l'abri d'une force qui pourrait le menacer. Contrairement à une idée reçue, l'hétérogénéité des sociétés, comme celle des « capitalismes » qu'elles produisent, résiste assez bien à la globalisation !

La première et la plus évidente des mesures qu'un pays doit prendre pour que la globalisation financière ait, d'une manière ou d'une autre, prise sur son économie est bien sûr d'instaurer la liberté des mouvements de capitaux. A partir de la fin des années 1970, la plupart des pays industrialisés se sont engagés dans cette direction. Ils l'ont fait généralement de façon progressive et il a fallu attendre le début des années 1990 pour que, pour ces pays au moins, cette libéralisation soit à peu près complète et générale. C'est à partir de cette date aussi qu'un nombre croissant de pays émergents, souvent sous la pression des institutions financières mondiales, se sont ouverts à la circulation financière internationale. Pour ces pays, aujourd'hui encore, cette ouverture est toutefois loin d'être totale. Ainsi, le plus grand d'entre eux, la Chine, n'a qu'à peine engagé la libéralisation de son compte de capital : la plupart des mouvements de capitaux de nature financière continuent, dans le sens des entrées comme des sorties, d'être interdits ou fortement réglementés. Ce point est d'autant plus notable que l'économie chinoise est aujourd'hui profondément intégrée dans l'économie mondiale – son taux d'ouverture commerciale est plus élevé que celui des grands pays européens – et qu'elle est avec le Japon le plus grand créancier de la planète. Conscient des forces de convergence que la globalisation financière impose, l'Etat chinois gère avec prudence la manière dont il s'y expose : en laissant entrer sans réserve les investissements directs dans les secteurs d'activité qui l'intéressent, mais en contrôlant soigneusement le type et le nombre des entreprises chinoises dont les non-résidents peuvent acheter des actions ou dans lesquelles ils peuvent prendre des participations, l'Etat favorise les transferts de savoir-faire étranger en même temps qu'il s'oppose à une transformation trop rapide de la gouvernance des entreprises chinoises et de la structure du système financier.

La gestion délibérément parcimonieuse de l'ouverture financière pratiquée par un certain nombre de pays émergents n'est pas le seul frein qu'ils opposent aux progrès de la globalisation financière. D'autres, plus cachés mais tout aussi puissants, produisent le même résultat. Ils tiennent essentiellement à l'emprise maintenue du pouvoir politique sur la vie des entreprises nationales et des contrats passés entre et avec elles. La définition même des droits de propriété est loin d'être toujours bien établie, leur garantie comme celle du respect des contrats n'est pas forcément assurée ; quant au droit des faillites, il n'est souvent qu'embryonnaire. Le flou juridique et l'opacité comptable qui en résultent créent une barrière naturelle à la pénétration des capitaux étrangers. L'absence d'infrastructures juridiques suffisamment solides et développées, comme d'autorités ayant le pouvoir, là où c'est nécessaire, de réguler la concurrence, rend les « capitalismes » de pays tels la Chine ou la Russie très nationaux. Pour les régions émergentes dotées d'un pouvoir politique fort, la globalisation financière est donc aujourd'hui loin d'être toujours une force de convergence. La forte hétérogénéité des capitalismes est dans une large mesure le reflet de celle des sociétés entre lesquelles la globalisation établit des relations toujours plus étroites.

Avec des conséquences parfois inattendues. Tirant parti de ces relations, certaines sociétés sont en effet parvenues, sans pour autant laisser leurs régimes politiques converger vers celui des sociétés occidentales, à déformer en leur faveur le partage du revenu mondial jusqu'à dégager d'énormes excédents commerciaux : c'est le cas aussi bien d'un certain nombre de pays producteurs de matières premières que de la superpuissance manufacturière qu'est devenue la Chine. Ces Etats se trouvent ainsi aujourd'hui en position de tirer parti de la globalisation financière d'une manière inattendue : les masses énormes de capitaux qu'ils ont accumulées peuvent désormais leur servir à pénétrer les capitalismes étrangers. Par un spectaculaire retournement de situation, la globalisation financière, loin de faire converger les « capitalismes », a peut être créé le terrain privilégié de leur affrontement.

*

Dans l'échec relatif des forces de convergence se trouvent les germes de la diversité. Comment peuvent s'exprimer les tensions et les conflits évoqués avec force dans les chapitres précédents ? De nouveau, nous affirmons nos positions. Le cœur de l'affrontement portera comme toujours sur la détention du capital. Spécificité de la période, des acteurs nouveaux prendront part à cette lutte sur tous les champs de bataille possibles, notamment les parts de marché du commerce international. La traduction concrète en sera le conflit pour les ressources rares. Alors que le prix du baril de pétrole dépasse en janvier 2008 le seuil symbolique de 100 dollars, le problème de l'énergie concentre un grand nombre de stratégies antagonistes, source potentielle des combats futurs.

CHAPITRE IV

LA BATAILLE DU CAPITAL

« En moins de vingt ans, la planète s'est convertie au capitalisme mondial, très profondément. A ce jeu, la Chine ou l'Inde commencent à jouer gros et fin. Il eût été trop beau qu'elles continuent longtemps de faire crédit à l'Occident en lui abandonnant tous les profits. L'Inde chez Arcelor, la Chine chez Blackstone ou les Emirats chez EADS ne sont que l'apéritif du festin capitaliste que se préparent les pays en excédent de balance des paiements, les vendeurs de pétrole, de matières premières, de biens industriels ou de services. »

Michel Cicurel,
Compagnie financière Edmond de Rothschild.

« L'une des tendances les plus dangereuses de l'économie politique est la promotion par certains pays européens d'une politique de *champions nationaux*. Le concept de champions nationaux est accrocheur et politiquement séduisant mais il ne résiste pas à une analyse économique sensée et dénuée d'hypocrisie. »

Paul Joskow,
MIT.

Les tensions financières actuelles rappellent que le capital est le premier champ clos du combat. Les prises de participation récentes dans les entreprises du monde entier par les pays émergents expliquent la résurgence d'un nationalisme économique dans les pays cibles, qui contribue à accroître les tensions. D'abord parce que les nouveaux champions chinois ou indiens qui partent à l'assaut d'entreprises occidentales ne respectent pas les mêmes règles que leurs cibles ; ensuite parce qu'ils sont les fils d'un capitalisme plus autoritaire né de pays peu démocratiques et qu'ils sont soupçonnés d'alimenter des stratégies politiques de puissance. Ici encore, les fantasmes se mélangent à la réalité. Ils ne peuvent occulter l'apport stabilisateur des pays émergents dans un contexte délicat pour les économies occidentales.

1

La crainte de l'« actionnariat émergent »

Aux Etats-Unis comme en Europe, la croissance et la multiplication des « fonds souverains » ont provoqué une réaction de crainte et de rejet, avec la peur de la prise de contrôle d'entreprises stratégiques par ces fonds. Il est clair que les pays émergents et exportateurs de pétrole qui ont des excédents extérieurs à investir tentent d'orienter l'utilisation de ces surplus dans un sens plus stratégique, dans les secteurs technologiques et dans la finance en particulier.

Mais cette évolution est inévitable : l'écart de taux d'épargne entre ces pays et les grands pays de l'OCDE implique l'accumulation durable de surplus par les pays émergents d'Asie et exportateurs de matières premières, ces surplus ne pouvant pas être uniquement investis en actifs sans risque par les banques centrales, d'autant plus que l'appréciation des monnaies des pays émergents est stabilisante ; les entreprises des pays de l'OCDE ont besoin des marchés des pays émergents. De plus, cette évolution n'est pas condamnable : les investisseurs des pays émergents, qu'ils soient publics ou privés, sont des actionnaires plus stables aux horizons plus longs que les investisseurs des grands pays de l'OCDE ; ils apportent des financements en capital qui sont nécessaires après la crise de 2007.

Assez curieusement, ce sont les fonds souverains qui font l'objet de la plupart de l'attention et des craintes. Or une grande partie de ces fonds souverains existent depuis longtemps et ils ne représentent qu'une petite partie du surplus d'épargne à investir par les pays émergents (et exportateurs de matières premières). Au total, ils représentaient, selon les derniers points connus en 2007, 3 337 milliards de dollars.

Il faut aussi prendre en compte les acquisitions réalisées directement par les entreprises des pays émergents, qui sont en forte augmentation dans les dernières années.

Investissements directs à l'étranger (en Mds de $)

	Chine	**Russie**	**Inde**
1999	1,8	2,2	0,1
2000	0,9	3,2	0,5
2001	6,9	2,5	1,4
2002	2,5	3,5	1,7
2003	– 0,2	9,7	1,9
2004	1,8	13,8	2,2

2005	11,3	12,8	2,5
2006	17,8	22,7	9,0
2007	26,0	24,0	13,0

Ces acquisitions peuvent poser problème en raison des transferts induits de technologie et dans certains cas de la faible transparence de la gouvernance des entreprises acheteuses des pays émergents.

L'exemple chinois est instructif à cet égard. Plusieurs investissements effectifs chinois à l'étranger ont été réalisés ces deux dernières années, que ce soit dans les pays développés ou dans des économies émergentes. Les liens plus ou moins directs entretenus par les entreprises ou fonds chinois avec des capitaux publics chinois illustrent la complexité de la lutte actuelle pour la détention du capital qui voit s'affronter des acteurs inégaux. Un groupe public ou semi-public alimenté par les capitaux issus des excédents commerciaux chinois ne se bat évidemment pas avec les mêmes armes qu'une banque privée, soumise à des contraintes financières, économiques et juridiques plus strictes et contraignantes.

Il est clair que les gouvernements des pays émergents et exportateurs de matières premières souhaitent utiliser de manière plus efficace et stratégique l'investissement de leurs surplus. Mais il faut réaliser que cette évolution est d'une part inévitable, d'autre part souhaitable par plusieurs de ces aspects. Les excédents courants des pays émergents et exportateurs de matières premières sont considérables et croissants (1 100 milliards de dollars en 2007), en raison de la poursuite des gains de parts de marché des pays émergents et de la croissance rapide des prix des matières premières avec la forte croissance mondiale. L'arrangement antérieur était assez simple : les surplus des pays émergents (et exportateurs de matières premières) étaient investis essentiellement par l'intermédiaire des banques centrales, qui accumulaient des réserves de change placées en actifs sans risque ; l'encours de réserves de change atteint 5 800 milliards de dollars fin 2007. L'acquisition de technologies par les pays émergents n'était donc pas réalisée par l'usage des excédents extérieurs mais devait venir des investissements directs reçus par les pays émergents.

Mais cet espoir a été déçu. Le cas de la Chine est de ce point de vue très intéressant. Malgré l'importance des investissements directs reçus (95 milliards de dollars en 2007), les exportations continuent à être réalisées pour 60 % par les entreprises à capitaux étrangers, ce qui révèle la faiblesse des transferts de technologie. L'effort domestique de R & D est trop faible pour permettre un rattrapage technologique. Cet effort atteint en 2006 selon des chiffres de l'OCDE (Principaux indicateurs de la science et de la technologie, 2007) 2,61 % du PIB aux Etats-Unis, 3,49 % au Japon, 1,98 % dans l'Union européenne à 15, 1,45 % en Chine, 1 % en Inde et 1,97 % en Russie.

Il était alors logique pour les gouvernements des pays émergents de passer à une stratégie différente : l'acquisition, ou la prise de participation, d'entreprises détenant les technologies ou, dans la période récente, des entreprises financières. Puisque les pays émergents et exportateurs de matières premières sont structurellement investisseurs, il est logique qu'ils détiennent les banques d'investissement, les marchés financiers, etc., dont ils sont structurellement les clients. Il y a là simplement une forme d'intégration verticale. Cette évolution vers des investissements plus stratégiques des surplus extérieurs inquiète. Mais elle est pourtant inévitable, et favorable sur plusieurs aspects.

Une évolution inévitable et... souhaitable

Les pays émergents et exportateurs de matières premières qui ont des surplus extérieurs sont confrontés à une situation où, pour des raisons structurelles et durables, leur taux d'épargne est supérieur à celui des Etats-Unis ou des pays européens (58 % du PIB en 2007 en Chine, 32 % dans les autres émergents d'Asie, 12 % aux Etats-Unis, 22 % dans l'Union européenne). Cette situation ne va pas évoluer rapidement. L'épargne est élevée dans les pays excédentaires pour des raisons institutionnelles durables et diverses : faiblesse des systèmes de protection sociale, nécessité d'autofinancer les investissements pour les entrepreneurs privés, faible intérêt des Etats pour l'amélioration des infrastructures publiques, de l'éducation, de la santé. L'épargne est faible en Europe et surtout aux Etats-Unis avec les incitations à l'endettement, l'enrichissement patrimonial…

Les pays émergents et exportateurs de matières premières ont alors inévitablement des excédents à recycler. On ne peut pas attendre d'eux qu'ils les recyclent indéfiniment en actifs sans risque par l'intermédiaire des banques centrales. Il est parfaitement naturel qu'ils recherchent une diversification de leurs actifs extérieurs. Le passage à une situation où le recyclage des surplus extérieurs se ferait moins par les banques centrales et davantage par des flux de capitaux privés (acquisitions d'entreprises, placements d'investisseurs institutionnels…) correspond aussi à une évolution tendancielle ; les banques centrales des pays émergents vont flexibiliser leur régime de change, accepter une appréciation plus rapide de leurs devises par rapport au dollar, au yen, etc., ce qui s'observe déjà. Cette appréciation est favorable puisqu'elle permet d'accroître les flux d'exportation des grands pays de l'OCDE vers les pays émergents.

On voit donc le caractère inévitable de l'évolution vers une situation où les excédents extérieurs des pays émergents et exportateurs de matières premières persistent et où la part des actifs sophistiqués et stratégiques (participations, acquisitions, aussi investissements alternatifs) dans l'investissement de ces surplus augmente au détriment des actifs simples antérieurs (obligations, dépôts). La montée en puissance des acquisitions et des prises de participation dans le capital d'entreprises des grands pays de l'OCDE par des investisseurs publics et privés et par des entreprises des pays émergents et exportateurs de matières premières est donc souhaitée par les gouvernements de ces pays ; elle est inévitable et naturellement crainte par les gouvernements des pays de l'OCDE, mais elle a des aspects souhaitables.

Le premier est d'apporter du financement en capital alors que, après la crise de l'été 2007, il va y avoir une réduction généralisée du levier d'endettement donc un besoin supplémentaire de capital qui ne serait pas facile à satisfaire par les marchés d'actions des grands pays de l'OCDE, comme le montre la situation des émissions nettes d'actions dans ces pays (négatives aux Etats-Unis, très faibles ailleurs). Les nouvelles règles comptables et prudentielles (IFRS-Solvency II) risquant d'affaiblir encore la demande d'actions dans les grands pays de l'OCDE, la présence d'investisseurs en actions dans les émergents est doublement nécessaire.

Le second est de faire apparaître des investisseurs stables alors que la durée moyenne de détention des actions par les investisseurs des pays de l'OCDE devient très faible, quelques mois seulement en moyenne pour les *hedge funds*. Beaucoup d'entreprises préfèrent ces investisseurs stables et stratégiques des pays émergents aux investisseurs locaux à la recherche d'une rentabilité élevée à court terme.

Si les gouvernements des grands pays de l'OCDE s'inquiètent de la volonté d'acquisition de technologie par les pays émergents ou de la volonté d'intégrer des filières sectorielles (comme la finance), alors ils ont raison de s'inquiéter. Mais on ne peut pas attendre une autre évolution : les pays émergents doivent diversifier les supports de l'investissement de leurs surplus, ils apportent des financements en capital au moment où c'est nécessaire, ils ont des investisseurs qui ont une vision stratégique de long terme.

2

L'entreprise a-t-elle encore une nationalité ?

Cette internationalisation croissante des prises de participation pose finalement la question de la nationalité des entreprises. Cette dimension n'est pas réellement séparable de la résurgence du phénomène de patriotisme économique dans plusieurs pays développés comme émergents.

Pour se développer et sous la pression de la concurrence, les grandes entreprises élargissent le champ géographique de leurs activités, construisent des réseaux denses par acquisitions ou alliances, ouvrent leur capital à de nouveaux investisseurs, diversifient les profils de leurs dirigeants, élargissent leur socle culturel. Elles créent et utilisent les nouvelles techniques, notamment celles de l'information et de la communication, qui raccourcissent l'espace et le temps, permettent la gestion efficace des grands ensembles, changent la nature des rapports avec les territoires. Elles organisent et subissent des formes nouvelles de concurrence, à une vaste échelle, formidablement sélectives et qui, en même temps, privilégient la différenciation des produits, la souplesse des structures et la rapidité des adaptations. Dans ce vaste mouvement de recomposition, la nature de la grande entreprise se modifie au point de distendre de nombreux liens avec son territoire d'origine. Pour autant, la question de la nationalité de l'entreprise n'a rien d'archaïque.

L'entreprise cosmopolite n'existe pas

Elle est d'abord fortement présente, et de façon croissante, dans le débat public. L'internationalisation du capital des grandes entreprises, évoquée précédemment, et la thématique de la délocalisation des établissements ou des emplois dominent l'actualité économique, aux Etats-Unis comme en Europe, et suscitent de fortes angoisses dans les opinions publiques. Sur des dossiers particuliers, elles apparaissent fréquemment, tant dans les choix de politique publique, notamment ceux qui sont relatifs aux absorptions ou rapprochements d'entreprises, que dans les négociations internationales, concernant notamment le commerce ou les investissements. Les considérations nationales alimentent les argumentations aussi bien à propos des tentatives de création de « champions » que de la protection des intérêts nationaux. La nationalité est importante aussi pour les entreprises, grandes ou petites. Même les firmes dites multinationales ou transnationales le sont souvent beaucoup moins qu'on ne le dit. Sans être capable de préciser quels sont les critères décisifs, chacun sait encore déterminer le ou plus rarement les pays de toutes les grandes entreprises du monde.

La question de la nationalité de l'entreprise est particulièrement sensible en France, pour de multiples raisons. D'abord, l'Etat y a joué un rôle singulier dans la formation de la nation et la structuration des activités productives. Ensuite, l'intégration européenne et l'unification monétaire ont modifié de façon définitive les conditions de la concurrence et encadré les choix des autorités politiques nationales. Enfin, la montée de l'actionnariat étranger dans le capital des grandes entreprises françaises alimente un débat récurrent sur les risques liés à cette évolution.

La France est fortement sensible aux craintes d'affaiblissement national, de perte de contrôle des centres de décision et de délocalisation des établissements ou des emplois que crée l'actualité de la vie des affaires. Mais la question est posée en termes proches dans les autres pays. Il s'agit moins de s'interroger sur les avantages et inconvénients de la mondialisation que de mesurer le degré de conformité de l'action des entreprises par rapport aux objectifs nationaux, et d'en déduire le degré d'appui que les pouvoirs publics peuvent accorder aux entreprises dont l'action est supposée contribuer à la réalisation des objectifs nationaux.

Implantation locale, dimensions globales

Cinq dimensions principales permettent d'appréhender les liens d'une entreprise avec un pays particulier : les dimensions financière, territoriale, scientifique et technique, culturelle et institutionnelle.

La globalisation financière n'a pas fait disparaître la diversité des systèmes financiers nationaux, les particularités nationales de l'épargne et la faible concentration du secteur bancaire au plan mondial. Il en résulte que l'origine des détenteurs du capital est un critère majeur de détermination de la nationalité d'une entreprise, même quand ce sont eux-mêmes des intermédiaires gestionnaires d'épargne. De façon moins nette, la nationalité des banques créditrices d'une entreprise joue un certain rôle, notamment dans les périodes de crise ou de recomposition. La France, par exemple, se positionne dans ce domaine de façon originale, avec de grands atouts, une épargne abondante prête à s'investir à long terme, une industrie financière puissante, mais un handicap : la faible part de cette épargne tournée vers l'investissement en actions.

Sur le plan territorial, on distingue souvent la localisation, qui traduit la répartition géographique effective des activités d'une entreprise, et l'ancrage, qui répond à une interaction dense entre l'entreprise et le territoire, composante de son identité et de sa compétitivité. C'est pourquoi l'implantation géographique des établissements d'une entreprise n'est pas toujours un critère déterminant de sa nationalité. Elle peut ne répondre qu'à une logique d'optimisation pendant une période donnée. C'est bien d'ailleurs une des composantes des débats sur la délocalisation. Les pays d'accueil y gagnent certes des emplois. Mais, sans enracinement plus profond, ces emplois peuvent repartir aussi vite qu'ils étaient arrivés. En termes de politique économique, c'est le problème de l'attractivité et des moyens de la renforcer qui se trouve derrière ce critère territorial.

La dimension scientifique et technique s'analyse à la fois en termes d'internationalisation et en termes de concentration. D'une part, les technologies de l'information et de la communication accroissent les échanges d'informations scientifiques. La mobilité internationale des chercheurs multiplie les interactions scientifiques et les lieux de discussion académique. Ces accords internationaux favorisent les transferts technologiques. Les entreprises se dotent de systèmes de valorisation normalisés qui permettent un accès large à leur production. D'autre part, les phénomènes d'agglomération et de concentration des activités concernent particulièrement les activités de recherche et d'innovation. Leur très fort contenu en connaissances explique qu'elles soient particulièrement concernées par les externalités de proximité. Dans sa composante publique comme dans sa partie interne aux entreprises, le système français de recherche et d'innovation connaît une situation difficile qui peut générer un affaiblissement de la relation des entreprises à fort contenu technologique avec le territoire français.

Au-delà des effets de mode managériale, les entreprises ont bien chacune une « culture ». Elle tient à ce que l'entreprise est une communauté de personnes qui doivent agir dans un but commun et être motivées pour le faire. Certes, on pourrait concevoir abstraitement des « cultures d'entreprise » détachées des cultures nationales. Mais l'expérience enseigne qu'il n'en est rien. La culture est de ce fait l'un des critères de la nationalité de l'entreprise, en dépit des brassages croissants de dirigeants et de cadres, et de l'extension de l'usage de la langue anglaise.

Malgré la globalisation et l'intégration communautaire, les environnements réglementaire et fiscal des entreprises restent largement conditionnés par des décisions nationales. De plus, les institutions et pratiques sociales conservent de fortes spécificités. Tous ces éléments influencent les capacités compétitives des entreprises. Chaque pays est donc incité à faire évoluer ses institutions de façon à valoriser ses avantages compétitifs dans la concurrence internationale. Mais ces évolutions ne sont pas mécaniques et n'ont pas de raison de converger vers un modèle mondial unique : elles restent *in fine* déterminées par des processus démocratiques qui s'exercent principalement au niveau national.

L'approche nationaliste des entreprises s'est trouvée périmée par l'internationalisation nécessaire à la création de richesses. Mais, à l'inverse, la vision globaliste reste largement un mythe. L'entreprise globale est un projet, voire une image, plus qu'une réalité. Si l'entreprise se préoccupe légitimement avant tout de sa survie et de son développement sur l'ensemble des marchés accessibles, son action reste marquée par l'histoire longue de sa constitution et de ses relations avec un espace national particulier.

Progressivement cependant, en Europe, le cadre pertinent pour l'entreprise devient à la fois national et européen. Plusieurs raisons poussent dans ce sens : la réalité croissante du marché européen comme espace de déploiement des stratégies d'entreprise, l'union monétaire, les règles de concurrence, les politiques communes, la proximité des modèles sociaux et des défis à relever par comparaison aux systèmes productifs des autres continents. Aujourd'hui, en ce qui concerne les personnes, la nationalité européenne n'a pas d'autre fondement juridique que la nationalité d'un pays appartenant à l'Union européenne. Pour les entreprises, il en est encore de même, mais on ne peut pas exclure que se dégagent progressivement des entreprises dont le territoire de référence serait l'Europe.

3

Une lutte acharnée pour les parts de marché

Les excédents commerciaux constituent une source importante d'accumulation de devises par les grands pays exportateurs de matières premières et de produits finis. La montée en puissance d'entreprises ou de fonds issus de pays émergents à forts excédents commerciaux dans l'actionnariat d'entreprises occidentales illustre l'actualité et la sensibilité de cette question.

La situation de la Chine aujourd'hui est caractéristique de cette évolution. C'est ainsi que le volume de dollars détenu par la Chine grossit à proportion des excédents réalisés par les entreprises chinoises sur les marchés à l'exportation. La Chine a enregistré en 2007 un nouveau record d'excédent commercial de 262,2 milliards de dollars (178,8 milliards d'euros), en hausse de près de 50 % par rapport au précédent record de l'année 2006. La progression a été de 47,7 % sur un an, comparée aux résultats 2006 de 177,47 milliards de dollars (121 milliards d'euros). Les échanges commerciaux entre la Chine et ses partenaires ont totalisé 2 170 milliards de dollars (1 480 milliards d'euros). De fait, les réserves de devises détenues par la Chine ont augmenté année après année : elles s'établissent fin 2007 à 1530 milliards de dollars, en croissance de 43,32 % par rapport à l'année 2006. Pour le seul mois de décembre, les réserves de devises ont progressé de 31,3 milliards de dollars. En vue de mieux utiliser ses énormes réserves de devises, la Chine a créé en 2007 une société d'investissement de devises d'Etat, *China Investment Corporate Ltd.* (CIC), dont on a constaté précédemment l'activisme sur les marchés financiers internationaux.

L'interpénétration croissante des économies rend toutefois plus complexe l'analyse des luttes commerciales actuelles ; l'explosion des excédents chinois devant en partie à l'activité de filiales de sociétés étrangères implantées en Chine. La compréhension des évolutions du commerce international implique une analyse renouvelée de la spécialisation des différentes économies. La théorie traditionnelle du commerce international, s'appuyant sur le paradigme de l'avantage comparatif à la *Ricardo-Heckscher-Ohlin*, s'intéresse à la spécialisation des pays. Les importations dans les productions concurrencées libèrent des ressources qui peuvent s'employer dans les activités dotées d'un avantage relatif. A l'origine de ces spécialisations, des écarts de dotation en ressources (travail, capital, ressources naturelles) ou de niveau technologique. Ainsi, les pays riches se spécialiseraient dans les activités technologiques ou à forte intensité en travail qualifié, tandis que les nouveaux arrivants sur la scène internationale le feraient sur les activités de main-d'œuvre non qualifiée ou à faible contenu technologique. Cependant, le schéma selon lequel le Sud échangerait des produits de l'habillement contre des machines et équipements avancés apparaît aujourd'hui daté.

Au niveau des industries, nombre de pays émergents ont des structures d'exportation proches de celles des pays les plus avancés, caractérisées par l'importance des biens d'équipement et, de plus en plus, par celle des produits technologiques. Faut-il pour autant rejeter l'idée que la spécialisation est liée au niveau de développement des pays ? L'ensemble des productions du Nord est-il menacé de disparition sous la pression concurrentielle du Sud ? Les travaux récents incitent à une interprétation prudente. Les déterminants de ces spécialisations recouvrent partiellement les idées traditionnelles (avantage comparatif) mais jouent entre variétés d'un même produit et non entre produits. Parallèlement, les liens entre commerce et performances hétérogènes des firmes ont été introduits dans l'analyse. Seules les firmes les plus productives peuvent supporter le coût d'accès aux marchés d'exportation. Il y a ainsi, non seulement un effet de sélection entre firmes, mais de produits à l'intérieur de ces firmes. Ces développements récents permettent d'affiner notre compréhension de la pression concurrentielle exercée par les pays émergents.

Une analyse des guerres commerciales actuelles impose une approche renouvelée basée sur la spécialisation par variétés au sein d'un même type de produits. Lionel Fontagné, Guillaume Gaulier et Soledad Zignago (CEPII, 2007) valident empiriquement cette hypothèse en comparant les structures d'exportation de produits manufacturés de la Chine, de l'Inde, des Etats-Unis et de l'Union européenne au niveau des secteurs de production, au niveau des produits et au niveau de la variété entre produits similaires. Les similarités dans la structure des exportations de ces quatre pays ou groupes de pays décroissent à mesure que l'on rentre dans le détail de la variété des produits exportés. Schématiquement, lorsque la Chine et les pays de la Triade exportent des produits similaires, les produits chinois occupent un créneau bas de gamme lorsque les produits européens ou américains se situent plutôt dans le haut de la gamme considérée. Ce serait au niveau de la variété des produits que se structurerait la lutte pour les parts de marché. C'est donc à ce niveau qu'il convient d'observer la redistribution observée des parts de marché entre pays développés et économies émergentes.

Utilisant la base de données BACI (Base pour l'analyse du commerce international), les auteurs démontrent que les évolutions les plus marquantes en termes de parts de marché sont intervenues depuis 1995 dans les segments les plus bas des marchés considérés. Dans le secteur des produits manufacturés, la part de marché de l'Union européenne à vingt-cinq (hors échanges intra-européens) s'élève à 14,22 % (en baisse de 2,93 points depuis 1994) pour les segments bas de gamme, à 32,16 % pour le haut de gamme (en hausse de 3,91 points). La position européenne est encore plus forte lorsque l'on regarde le secteur des biens de consommation : la part de l'Union européenne a certes reculé de 1,58 points à 12,62 % de parts de marché pour les segments bas de gamme mais elle a, conformément aux chiffres précédents, augmenté de 6,26 points à 38,69 % de parts de marché pour les segments haut de gamme. L'évolution de la position européenne est donc relativement homogène puisqu'elle progresse dans les segments haut de gamme des trois niveaux de transformation des produits manufacturés (biens intermédiaires, biens de consommation, biens d'investissement) et régresse dans les segments bas de gamme de ces mêmes trois niveaux.

A cet égard, l'Union européenne semble mieux résister à la compétition internationale que les deux autres membres de la Triade, les Etats-Unis et

Aux autres pays développés tout d'abord. Ceux-ci reculent certes au niveau des segments bas de gamme, mais progressent dans les segments haut de gamme. Surtout, le recul de la Triade s'explique largement par les progrès en la matière des pays émergents. Ces progrès ne sont pourtant pas homogènes : il faut distinguer une nouvelle fois la Chine, les BRI et les autres pays émergents. La part de marché chinoise sur les segments bas de gamme explose de près de vingt points. Elle n'augmente que modérément sur les segments haut de gamme. L'écart entre les deux segments demeure ainsi très important, confirmant une spécialisation intra-produits. La situation des BRI et des autres pays émergents est indissociable de celle de la Chine. Ces deux groupes de pays souffrent dans les segments bas de gamme de la concurrence chinoise, mais réussissent à progresser dans les segments haut de gamme, très légèrement pour les BRI et plus franchement pour les autres pays émergents, qui partaient, il est vrai, de beaucoup plus haut.

Au regard des processus de spécialisation actuels au sein d'un même type de produits plutôt qu'entre produits différents, il est envisageable de relativiser l'antagonisme commercial qui opposerait schématiquement les pays du Nord aux pays du Sud. Les volumes d'exportation chinois sont désormais très importants, mais ils n'empêchent pas jusqu'à preuve du contraire celui des exportations allemandes de progresser. Les variétés de produits exportés par la Chine ne rentrent pas directement en compétition avec les variétés de produits exportés par l'Allemagne. En ce sens, les économies développées conservent globalement un avantage certain dans les segments haut de gamme des produits échangés dans le monde. Cela ne contredit pas la montée en gamme progressive des pays émergents. Les pays développés sont poussés à se repositionner systématiquement vers le haut de gamme des produits échangés et c'est sans doute au regard de cette évolution que doit être analysée la question de l'impact du commerce international sur les marchés du travail des pays développés. Au total, les plus dangereux rivaux commerciaux des pays développés semblent encore être pour un temps au moins d'autres pays développés. La guerre que se livrent depuis de nombreuses années les constructeurs aéronautiques Airbus et Boeing a encore de beaux jours devant elle…

CHAPITRE V

DE NOUVEAUX ACTEURS MÈNENT LE JEU

« Les fonds dits "souverains" dérogent aux règles du capitalisme chez eux pour les appliquer ailleurs. Je prévois des difficultés très sérieuses, après les escarmouches de ces dernières années, avec des opérations en provenance de Chine, de Russie, et même du Golfe. La grande question sur ce point est : quel est l'espace de régulation pertinent, à supposer que cette coexistence puisse se gérer par de la régulation ? Est-ce l'hexagone qui constitue l'espace de régulation pertinent ? Sûrement pas. Est-ce l'Europe ? Probablement. »

Pascal LAMY,
OMC.

De nouveaux acteurs se sont portés aux avant-postes de la globalisation financière et de cette lutte pour le capital, rejoints ou précédés parfois par des acteurs plus traditionnels. Nous parlons ici des hedge funds, *des fonds de* private equity *et des fonds souverains. Ces structures commencent à peine à acquérir une certaine visibilité auprès du public. Leur puissance financière, le volume des capitaux qu'ils brassent, encore largement méconnus, inspirent une inquiétude grandissante. On ne leur connaît ni limites, ni contrôle. En réalité, les fonds souverains sont des institutions anciennes souvent utilisées par les Etats pour assurer leur stabilité ou leur puissance. Le cas des* hedge funds *et des fonds de* private equity *est moins clair dans la mesure où ils ne semblent soumis à aucune régulation. Ils apparaissent ainsi dans la guerre des capitalismes comme autant de mercenaires sans foi ni loi. Fantasme ou réalité, il est indispensable de comprendre les logiques de fonctionnement de ces nouveaux acteurs. Leur utilité financière ne doit pas masquer la nécessité d'un cadre de référence mieux défini et plus lisible.*

1

La grande peur des fonds souverains : idées fausses et vrais enjeux

Puissants, manipulateurs, opaques… tout a été dit de ces fonds qui géreraient aujourd'hui entre deux et trois mille milliards de dollars. Se contenteront-ils de gérer en bons pères de famille une épargne patiemment accumulée, ou feront-ils main basse sur ressources naturelles, banques et technologies ? Le terme même de « fonds souverain », un mauvais anglicisme – seuls les Etats sont souverains ! –, annonce la couleur et désigne dans ces fonds d'investissement, à tort ou à raison, les armes d'un affrontement géostratégique.

Rarement néologisme aura connu succès aussi fulgurant. En 2006 apparaît le terme de *Sovereign Wealth Fund*. Courant 2007, les économistes multiplient analyses, tribunes libres et propositions. Le gouvernement allemand annonce une réforme de sa réglementation des investissements étrangers.

Les ministres des Finances du G7 convoquent à dîner à Washington les dirigeants des principaux fonds et chargent le Fonds monétaire international (FMI), la Banque mondiale et l'Organisation pour la coopération et le développement économique (OCDE) de proposer des « bonnes pratiques » en matière de gouvernance, de contrôle des risques et de transparence. Fin 2007, accélération et renversement de l'histoire : les fonds souverains volent au secours des banques américaines laminées par la crise du crédit.

Un peu d'introspection ne fait pas de mal pour commencer. La France a un fonds souverain depuis 1816 – la Caisse des dépôts et consignations. Elle en a créé un autre en 1998 – le Fonds de réserve des retraites. L'investissement à l'étranger de certaines de nos grandes entreprises publiques a été violemment critiqué. Comment en faire grief aujourd'hui aux Arabes et aux Chinois ? Avant d'aborder les débats que soulèvent les fonds souverains, qui sont importants et légitimes, il faut rappeler quelques faits et dissiper quelques malentendus.

Des enfants du XXIe siècle

Les fonds souverains sont des institutions financières publiques alimentées par l'épargne nationale, celle-ci pouvant provenir de ressources liées aux matières premières (Moyen-Orient, Norvège, Russie, Canada et certains pays d'Amérique latine), d'excédents budgétaires (Singapour) ou des réserves de change de la banque centrale (cas de la plupart des pays d'Asie).

C'est l'envolée du prix des matières premières et l'explosion des excédents courants en Asie qui en a fait dans les années 1990 des acteurs majeurs des marchés de capitaux, au même titre que les grands gestionnaires d'actifs et les fonds de pension. Malgré leur longue histoire (l'autorité d'investissement du Koweït a été fondée en 1953 !), les fonds souverains sont de vrais enfants du XXIe siècle, c'est-à-dire d'un monde où les matières premières sont rares, les paiements courants déséquilibrés, où les pays en développement accumulent des réserves de change pour se protéger de la volatilité financière et où le développement insuffisant des marchés financiers régionaux force l'épargne émergente à « transiter » par le marché financier américain. Première conclusion : une réponse durable aux questions posées par les fonds souverains ne peut passer que par la résorption de ces déséquilibres.

Il existe une continuité entre les « fonds souverains » définis d'une manière étroite et les autres fonds d'investissement publics : fonds de réserve pour les retraites financés par des ressources budgétaires (comme le FRR français) ou par des cotisations à des caisses de retraite (comme la Caisse des dépôts du Québec), grandes entreprises publiques (comme le russe Gazprom, les Bourses du Moyen-Orient ou les grandes banques chinoises) et banques centrales, d'autant que les gouvernements peuvent à tout instant réallouer des ressources entre ces différents types de fonds. Cet effet de « vases communicants » offre un potentiel de développement considérable aux fonds souverains. Les réserves de change de la Banque du Japon ont atteint 950 milliards de dollars à la fin 2007 : on imagine la force de frappe qu'aurait un fonds souverain japonais. Mieux vaut donc abandonner d'emblée la notion trop étroite de fonds souverains pour celle, plus pertinente, de fonds publics.

Selon l'économiste en chef du FMI, Simon Johnson (2007), les fonds gérés par des Etats incluent 5 600 milliards de dollars de réserves de change et entre 1900 et 2900 milliards de dollars de fonds souverains. Ils pourraient augmenter de 800 à 900 milliards de dollars par an au cours des prochaines années, ce qui amènerait leur encours total à environ 12 000 milliards de dollars en 2012. Deux, trois mille milliards de dollars, est-ce beaucoup ? Oui, si on rapporte la taille de chaque fonds à celle du PIB ou de la capitalisation boursière des pays concernés, dont la plupart sont des pays émergents. Mais à l'échelle des marchés de capitaux mondiaux, c'est bien peu : à peine plus que les actifs gérés par les *hedge funds* (1 000 à 1 500 milliards de dollars selon le Forum de stabilité financière), moins que les capitalisations des grandes

Bourses (15 000 milliards de dollars pour le NYSE, autour de 4 000 milliards pour le Nasdaq, le London Stock Exchange ou Euronext) et plus de dix fois moins que les actifs gérés par les investisseurs institutionnels des pays développés (53 000 milliards de dollars) ou par les banques (63 500 milliards d'après Deutsche Bank).

Aucun fonds souverain ne peut donc exercer un pouvoir durable sur les marchés de capitaux mondiaux, et même si tous les fonds, tels les moutons de Panurge, adoptaient des règles de gestion identiques (ce qui n'est pas du tout le cas aujourd'hui), leur poids demeurerait limité.

Que sait-on des actifs détenus par les fonds souverains ? En vérité, pas grand-chose. Peu d'entre eux divulguent leur allocation stratégique. Toutes les politiques d'investissement sont présentes, de la plus transparente (Norvège) à la plus opaque (pays du Golfe), de la plus conventionnelle (Norvège, mais également la plupart des fonds pétroliers) à la plus stratégique (Malaisie, Emirats). Tout au plus peut-on identifier la tendance à un renforcement du poids des actions. Ainsi, le fonds norvégien a annoncé son objectif d'atteindre 60 % en actions en 2010 à partir de 40 % en 2006. La part des actifs plus « exotiques » (matières premières, *hedge funds*, change) est difficile à évaluer, mais les fonds de réserve qui publient leur allocation, comme le FRR français, ne semblent s'engager dans cette direction que dans des proportions limitées et à des fins de diversification. Face à ces choix, la grande question est de savoir où se situeront les nouveaux acteurs comme le nouveau fonds chinois, *China Investment Corporation*, doté de 200 milliards de dollars.

Une meilleure allocation de l'épargne mondiale

En réallouant l'épargne mondiale vers les entreprises, les fonds souverains jouent donc un rôle utile. Car à quoi ressemblerait le monde sans eux ? L'épargne de l'Asie et du Golfe serait investie dans des bons du Trésor occidentaux, finançant des dépenses en grande partie improductives (tant il est vrai que peu de pays riches respectent la « règle d'or » qui verrait leur dette financer des investissements). Les taux d'intérêt à long terme seraient artificiellement bas et la dette publique continuerait à s'accumuler, conduisant à terme à un ajustement de grande ampleur.

Au contraire, les fonds souverains répartissent la « bulle » financière suscitée par l'excès d'épargne mondiale sur une gamme large d'actifs financiers, soutiennent la croissance de long terme des économies et encouragent les Occidentaux à assainir leurs finances publiques. Dans les pays pétroliers, les fonds souverains jouent un rôle de « lissage » en absorbant les baisses temporaires du prix du pétrole et en transférant une partie de la rente aux générations qui naîtront après l'épuisement des ressources.

En complément, il faut davantage encourager les fonds souverains à investir sur les marchés financiers régionaux, dans les infrastructures, ou sur les marchés financiers à l'image de l'*Asian Bond Fund*, créé en 2003 par onze banques centrales d'Asie et du Pacifique. On évoque parfois le risque que créeraient les fonds souverains pour la stabilité financière. Mais en quoi leurs investissements comportent-ils des risques spécifiques, sauf à supposer qu'ils mettent en place des stratégies particulièrement dangereuses, ce qui ne semble pas être le cas, ou que leur contrôle interne est insuffisant, ce qui est toujours perfectible ?

C'est plutôt l'ignorance sur leur véritable stratégie qui pousse les acteurs de marché à surréagir à telle ou telle décision, réelle ou présumée, d'un fonds asiatique ou moyen-oriental. D'où l'utilité d'une transparence accrue des fonds souverains, qui aiderait les acteurs de marché à mieux anticiper les mouvements de marché suscités par leurs décisions. Transparence sur les décisions stratégiques, non tactiques, qui supprimerait toute possibilité de gestion active de ces fonds. Dans ce domaine, leur simple taille invite à la prudence car des réallocations brutales auraient un impact sur les cours qui détruirait de la valeur pour les contribuables des pays concernés. Le risque principal, finalement, n'est pas pour les marchés financiers des pays développés mais plutôt pour les marchés financiers émergents, ou pour certains marchés plus étroits et sensibles au risque de bulle spéculative, comme l'immobilier des grandes villes ou encore le marché de l'art (on se souvient des assureurs japonais). Il faut naturellement des garde-fous. Les pays endettés en devises doivent conserver des réserves de change placées en instruments liquides et suffisantes pour faire face aux décaissements, et l'investissement dans des instruments spéculatifs comme les matières premières, les dérivés de crédit ou les parts de *hedge funds* doit être strictement encadré.

Un débat de politique économique mal posé

En 2007, le débat s'est cristallisé sur les participations « stratégiques » des fonds souverains dans des entreprises de secteurs sensibles. Aux Etats-Unis, le contexte était marqué par l'échec des projets d'investissement du port de Dubaï dans P & O, qui contrôle le port de New York, et de *China National Offshore Oil Corporation* dans Unocal. Double malentendu : d'une part, il ne s'agissait pas de fonds souverains, mais d'entreprises publiques. D'autre part, on a mélangé deux débats de nature différente et qui appellent des solutions distinctes.

La première préoccupation a trait à la nature publique de ces entités. L'Etat-actionnaire, qu'il soit chinois, britannique ou français, on le sait, ne sait pas maximiser la valeur et poursuit toutes sortes d'objectifs, souvent contradictoires : indépendance financière ou énergétique, transfert de technologies, protection des industries nationales, politique d'influence régionale et internationale. Cette politique industrielle « globale » est la règle à l'intérieur des Etats. Au niveau international, c'est une tout autre affaire. C'est ouvrir la voie à l'ingérence dans la politique économique, voire dans la politique tout court des Etats. Que n'aurait-on entendu si l'acheteur des *Echos* avait été un Etat étranger ! On se souvient du tollé déclenché en 2006 en Thaïlande par l'achat de Shin Corp, le géant des médias, par le fonds singapourien Temasek. On connaît bien ces débats dans le marché unique européen. L'investissement public à l'étranger n'est acceptable qu'avec la garantie que ses objectifs sont purement financiers. La solution : mettre les fonds souverains hors de portée directe du pouvoir politique, leur donner un objectif strict de maximisation sur longue période de la valeur de leur portefeuille, rendre publiques non seulement la manière dont cet objectif est rempli mais aussi l'ensemble des méthodes de sélection et de valorisation employées. C'est ainsi que procèdent le fonds norvégien et le FRR français, et c'est la direction que pourrait prendre un éventuel « code de conduite » proposé par le FMI et par l'OCDE.

Il serait illusoire de penser que cet objectif pourrait être atteint par la pression internationale. Mais les grands pays émergents peuvent comprendre d'eux-mêmes que leur intérêt financier sera ainsi mieux assuré, et que c'est la condition à remplir pour éviter que les législations protectionnistes ne prolifèrent dans les pays industrialisés. Les déclarations de 2007 montrent que ce risque n'est pas théorique. Mais qu'on ne se trompe pas de cible : il n'y a pas de « bons » et de « mauvais » fonds souverains. Ce sont les entreprises publiques des pays émergents, pas les fonds souverains, qui présentent les risques de dérapage les plus grands, car le modèle de gouvernance esquissé ci-dessus ne peut leur être appliqué.

La deuxième préoccupation, légitime, des Occidentaux, a trait à l'absence de réciprocité. Une banque étrangère ne peut pas prendre le contrôle d'une banque chinoise alors que rien ne s'oppose en principe – sauf à invoquer des risques présumés pour la stabilité financière – à ce que le fonds souverain chinois achète une banque européenne. Or, les législations nationales demeurent très hétérogènes en matière de contrôle des investissements directs, les grands pays émergents (Chine, Inde, Russie, Afrique du Sud, Brésil) conservant les réglementations les plus restrictives.

L'intégration commerciale a-t-elle pour nécessaire corollaire la liberté et la réciprocité de l'investissement ? Souhaitable au plan économique pour assurer une allocation optimale de l'épargne, ces dernières butent sur la fragmentation des espaces juridiques et le souhait légitime des Etats de rester maîtres de leur sécurité et de leur approvisionnement en énergie. Il n'y a pas de place pour des solutions à l'emporte-pièce. L'Europe a mis trente ans, du traité de Rome à l'Acte unique, pour se faire une religion sur la question. Vingt ans après l'Acte unique, les gouvernements européens ne sont toujours pas indifférents à la nationalité des acquéreurs, fussent-ils européens, dans des secteurs comme la banque ou l'énergie… sans parler du yaourt.

L'idéal serait que l'ouverture commerciale aille de pair avec un principe de réciprocité pour les investissements, et en parallèle, que les pays riches harmonisent leurs réglementations des investissements étrangers. Mais on sent peu d'appétence des pays développés, y compris ceux qui dénoncent les fonds souverains, pour se lancer dans un tel exercice. Et le risque est bien réel d'ouvrir la boîte de Pandore du protectionnisme. Les économies occidentales ont un besoin vital d'investissements étrangers, et il est politiquement intenable de refuser aux pays du Sud une forme de légitimité internationale que nous avons obtenue avant eux. La « guerre de l'investissement » qu'on sent en germe dans certaines déclarations sur les fonds souverains serait dévastatrice pour la croissance mondiale.

Une solution plus pragmatique serait de définir des règles d'emprise pour les fonds souverains dans les entreprises où ils investissent, voire de les contraindre à n'investir que dans les indices boursiers. Par exemple, les fonds souverains pourraient s'engager à ne pas prendre de participation supérieure à 10 % (le seuil qui sépare, pour les statisticiens, l'investissement de portefeuille de l'investissement direct) dans des entreprises étrangères. Là encore, ces solutions ne peuvent être imposées mais les pays concernés pourraient y venir d'eux-mêmes pour que leurs investissements se déploient dans un contexte apaisé.

2008 : MAIN BASSE SUR WALL STREET ?

La crise financière de l'été 2007 marque un tournant dans le débat. Ce n'est pas en Chine ou à Singapour que la crise s'est nouée mais bien au cœur de l'usine financière occidentale, quelque part entre l'origination des prêts immobiliers américains, la machine à titriser des grandes banques et l'étiquetage final par les agences de notation. Humiliation suprême : ce sont les fonds souverains qui volent au secours des banques américaines dont le capital a été laminé par la crise. Entre mai 2007 et février 2008, ils ont annoncé pour près de cinquante milliards de dollars de participation dans le secteur financier américain.

En achetant des actifs momentanément dépréciés mais viables à long terme, les fonds souverains ne font qu'illustrer leur potentiel stabilisant, leur rôle, comme disent les financiers, « d'apporteurs de liquidité ». D'un même coup, magistral, ils se préparent de confortables plus-values et ils acquièrent un savoir-faire financier qui leur permettra un jour de se passer de leurs prestataires de services occidentaux, gestionnaires d'actifs et banquiers-conseils en tout genre. Mais par une présence aussi massive, ils prennent le risque de réactions politiques disproportionnées. L'adoption de règles de comportement responsable n'en devient que plus urgente.

2

Les *hedge funds* sont-ils porteurs d'un risque systémique ?

Il est une autre forme de guerre, ou plutôt de concurrence des capitalismes, si on les considère dans une perspective historique. Tous ceux qui ont été évoqués correspondent souvent à une phase de développement économique des pays dans lesquels ils s'inscrivent. On est passé d'un stade de capitalisme où la seule forme d'organisation était l'entreprise familiale – encore majoritaire dans tous les pays – à un stade où celle-ci coexiste avec des entreprises de taille plus importante, voire des très grandes entreprises. Ces dernières n'ont pu grandir qu'en s'appuyant sur des systèmes financiers toujours plus sophistiqués au sein desquels les marchés financiers occupent une place grandissante. A l'intérieur même du système capitaliste anglo-saxon, les formes d'organisation ont profondément évolué. On est passé de l'entreprise organisée de manière fonctionnelle à l'entreprise multidivisionnelle organisée par métier et/ou zone géographique. Aussi est apparue au milieu des années 1960 la forme d'organisation « conglomérale », où les entreprises se diversifiaient dans des activités opérationnelles et des secteurs totalement différents.

Le succès des conglomérats s'appuyait sur deux éléments : d'une part la rareté supposée des compétences managériales et l'idée que des « super-dirigeants » pouvaient embrasser de manière efficace la stratégie et la gestion d'ensembles d'activités très diversifiées et d'autre part l'existence, au sein même des conglomérats, d'un marché « interne » des capitaux, leur permettant de redéployer rapidement la trésorerie des « vaches à lait » du groupe vers les divisions en forte croissance, mieux que n'auraient pu le faire les marchés financiers « externes ».

Le mythe du *supermanager* n'a pas complètement disparu, mais il s'est beaucoup érodé et singulièrement la conception qu'une même équipe dirigeante puisse dessiner la stratégie et maîtriser les opérations d'un ensemble mêlant des activités aussi variées que, par exemple, les services financiers, les produits alimentaires, et l'énergie. Par ailleurs, les marchés de capitaux internes, qui avaient fait le succès des conglomérats dans les années 1960, précipitèrent leur chute à la fin des années 1970.

Bureaucratiques, travaillés par des luttes de pouvoir entraînant des coûts d'influence, les marchés de capitaux internes sont apparus comme des mécanismes plutôt pervers en matière d'allocation des ressources, et en tout cas bien moins efficaces que ceux offerts par les marchés financiers externes et le système financier, qui lui-même s'est considérablement modernisé depuis le début des années 1980. Aussi, les conglomérats ont-ils aujourd'hui pratiquement disparu, avec la disparition du mythe du dirigeant Superman et le développement des marchés financiers.

Avec la pression des investisseurs à la recherche de création de valeur actionnariale, de nouvelles formes d'organisation sont apparues au sein du capitalisme qui dynamisent encore davantage la gestion des entreprises. Ces formes d'organisation s'appellent le *private equity* et les *hedge funds* activistes. L'environnement financier accommodant des années 2000 a sans nul doute favorisé le développement des *hedge funds* et du *private equity*. Il n'empêche que ces deux formes d'organisation améliorent la gouvernance des entreprises, qu'elles soient cotées ou non, et que de ce fait elles sont supérieures aux autres pour assurer le développement et la croissance économique.

TROIS MODES DE GESTION DES *HEDGE FUNDS*

L'industrie des *hedge funds* pèse, fin mars 2007, environ 1 500 milliards de dollars, répartis entre

11 000 fonds, dont un tiers sont des fonds de fonds. Ce chiffre n'est pas impressionnant puisque, selon le FMI, le montant des actifs gérés dans le monde par les banques, les assurances, les fonds de pension et les sociétés de gestion, représente 53 000 milliards de dollars. Les fonds souverains gèrent actuellement 3 200 milliards de dollars, soit deux fois plus que les *hedge funds*. Quant aux fonds de *private equity*, depuis 2002 le montant cumulé de leurs opérations représente également 1 600 milliards de dollars… mais avec une plus forte concentration que pour les *hedge funds* puisque les trois quarts proviennent des cinquante premiers fonds ! Par contre, *hedge funds* et *private equity* ont la même caractéristique, celle d'être dominés par le monde anglo-saxon ; ils diffèrent en revanche quant à l'horizon de leur interventionnisme dans la stratégie des entreprises.

La définition même des *hedge funds* pose problème : à partir de la vingtaine de pays ayant répondu au questionnaire de l'OICV (Organisation internationale des commissions de valeurs 2006), force est de constater qu'aucun des pays n'a adopté de définition formelle et légale pour ces fonds. Ils furent, un temps, définis comme des fonds dont la performance est décorrélée de la tendance globale des marchés (et non indépendante des marchés) mais certains travaux semblent indiquer que la corrélation entre la performance des *hedge funds* et celle des marchés a augmenté au cours des dernières années. De plus, sous cette terminologie sont regroupés des fonds dont les stratégies d'investissement sont hétérogènes, certaines ressemblant fort aux stratégies des fonds classiques de gestion collective spécialisés, comme par exemple ceux qui sont spécialisés sur les marchés émergents. Définir les *hedge funds* par leur stratégie ne suffit plus. Il est donc nécessaire d'utiliser un ensemble de caractéristiques dont les principales retenues par l'OICV sont la possibilité de recourir à l'effet de levier, des commissions de performance (en pourcentage des profits, de 20 % pour 85 % des fonds) en plus des commissions annuelles de gestion (de 1 % à 2 % pour les trois quarts des fonds), des investisseurs autorisés à récupérer leur fonds seulement périodiquement (règles de *lock-up*), des gérants qui investissent dans leur propres fonds, utilisation fréquente, voire intensive, des produits dérivés (avec possibilité de ventes à découvert), et recours à des produits complexes (d'où un problème d'évaluation des risques).

Il existe de nombreux types de stratégies qui peuvent toutefois être regroupés au sein de trois grands styles de gestion : l'arbitrage, la gestion dite *event driven*, liée à des événements et enfin la gestion directionnelle ou tactique. De là, une confusion des genres lorsque l'on se réfère à ces fonds. Il ne faut pas confondre les formes de financement de l'économie (dette bancaire ou obligataire, fonds propres, actions négociables ou non négociables...) avec les formes de détention de ces titres (par des particuliers ou des intermédiaires financiers…), ni avec les stratégies de ces intermédiaires cherchant à maximiser leur profit. La diversité des modes d'investissement et l'hétérogénéité des modes de gestion rendent leur distinction de plus en plus arbitraire : au sein des *hedge funds* (gestion alternative), il existe des stratégies très différentes (on ne peut pas comparer un fonds d'arbitrage avec un fonds qui cherche à profiter d'événements capitalistiques tels que des fusions ou acquisitions) ; de leur côté, les gérants d'OPVCM traditionnels peuvent non seulement adopter des structures de rémunération utilisées par les *hedge funds*, mais surtout, depuis la directive européenne UCIT III, recourir aux produits dérivés et aux ventes à découvert ; enfin, les fonds de pension investissent dans les *hedge funds* ou fonds de fonds etc.

La question fondamentale porte sur le poids décisionnel que la détention d'actions procure aux fonds (d'investissement ou autres) dans les stratégies à long terme. Parmi les derniers exemples en date, citons les grandes manœuvres autour de la consolidation des Bourses. Pourquoi deux fonds, qui ne sont pas des *hedge funds*, ont-ils failli dicter leur choix afin de maximiser leurs profits à court terme alors que de telles fusions doivent également prendre en compte les préoccupations de toutes les parties prenantes, dont l'économie d'un pays, et qui sont donc par nature à long terme ? C'est là que réside la contradiction majeure du capitalisme financier.

Or les *hedge funds* sont deux fois plus activistes que les autres fonds de gestion collective (hors *private equity*). Les *hedge funds* activistes investissent une part très minoritaire dans le capital de sociétés cotées afin d'influer sur leur stratégie et sur leur gouvernance dans le but de créer de la valeur. Même s'ils ont un comportement activiste, ces *hedge funds* ne recherchent pas la prise de contrôle de leurs cibles. La prise de participation médiane des fonds activistes est de l'ordre de 10 %. C'est la modestie de ces prises de participation qui différencie les fonds activistes des « *corporate raiders* ». Les fonds activistes comptent soit sur le soutien du management à se conformer à leurs prescriptions, soit sur le soutien d'autres investisseurs institutionnels pour parvenir à leurs fins, la création de valeur. La plupart des *hedge funds* activistes appartiennent à la catégorie « *value investor* », c'est-à-dire que leurs cibles leur apparaissent comme sous-évaluées à partir d'une analyse comptable et financière approfondie.

L'activisme de ces *hedge funds* se manifeste sous la forme de communiqués adressés aux dirigeants des sociétés dans lesquelles ils prennent des participations par lesquels ils font aux dirigeants des recommandations plus ou moins pressantes qui peuvent être classées en sept catégories :

– simple communication du fonds au management sans que soit enclenchée une quelconque attitude ou action agressive,

– recherche d'une meilleure efficacité opérationnelle,

– restructuration financière et accroissement du dividende,

– stratégie de diversification et croissance externe,

– vente de la cible,

– gouvernance d'entreprise,

– proposition de financement.

L'activisme des fonds semble avoir eu un effet bénéfique sur la valorisation des sociétés qu'ils ciblent puisque la rentabilité anormale médiane des sociétés ciblées à la suite d'un communiqué a été significativement positive pendant la période 2001-2005. Cela est dû à la crédibilité de leurs interventions, dans la mesure où leurs « revendications » sont satisfaites totalement ou partiellement, dans plus de 70 % des cas. Les performances opérationnelles des cibles des *hedge funds* activistes s'améliorent à la suite de leurs interventions, à la fois en termes de ROA, et encore plus en termes de ROE, dans l'année qui suit leurs interventions. La politique de distribution, mesurée à la fois par les dividendes et les rachats d'actions, s'améliore très significativement. Enfin, les rémunérations (fixe et variable) des dirigeants baissent significativement à la suite du succès des interventions des *hedge funds* activistes.

L'activisme des *hedge funds* peut s'interpréter et se situer dans la problématique générale de la gouvernance des entreprises. Il se situe entre le *monitoring* interne des détenteurs d'importants blocs d'actions et le *monitoring* externe des *corporate raiders*, ou du *private equity*. Les *hedge funds* activistes sont agiles comme les raiders, mais ils arrivent à leurs fins avec des moyens beaucoup plus parcimonieux. Ils bénéficient en général de la coopération du management, comme beaucoup de détenteurs de blocs d'actions, mais ont davantage d'incitations à créer de la valeur que ces derniers et bénéficient davantage des alliances ponctuelles qu'ils construisent avec d'autres investisseurs institutionnels, activistes ou non. Les fonds activistes créent en moyenne de la valeur actionnariale, non pas seulement parce qu'ils arrivent à détecter des valeurs sous-évaluées par le marché, mais surtout parce que leurs interventions sont crédibles quant à l'amélioration des performances opérationnelles des dirigeants des sociétés qu'ils ciblent. En définitive, les fonds institutionnels activistes ont le potentiel de corriger le « *gap* de gouvernance », ce que les investisseurs institutionnels traditionnels n'avaient pas réussi à faire.

Il ne faudrait d'ailleurs pas oublier que les *hedge funds* ne sont pas les seuls à faire de l'activisme actionnarial. La plupart des investisseurs institutionnels, dont les fonds de pension, en particulier américains, tel le célèbre fonds CalPERS, ont un rôle actif dans la gouvernance d'entreprise et dans les restructurations d'entreprise. Il en va de même pour les fonds de *private equity* et la question risque d'être posée prochainement pour les fonds souverains. L'activisme diffère selon le type d'investisseur institutionnel et ce n'est pas l'activisme en tant que tel qu'il faut critiquer mais les conséquences d'un interventionnisme dont les préoccupations ne sont que la recherche d'une rentabilité accrue à court terme aux dépens de la stratégie à long terme d'une entreprise. Ceci renvoie au débat *shareholders vs stake holders* et aux ambiguïtés inhérentes au capitalisme financier.

Quels risques les « hedge funds » font-ils peser sur le système financier ?

Cette question est à l'origine de la régulation plus restrictive en Europe continentale envers les *hedge funds*. Au cours de la décennie passée, la gestion alternative a souvent été accusée de contribuer à l'instabilité (voire à la baisse) des marchés financiers. Ce reproche est très classique à chaque fois qu'il y a des innovations financières majeures. A l'automne 1992, George Soros a été accusé, via son *Quantum Fund*, d'avoir précipité la sortie de la livre sterling du SME. En 1997, le Premier ministre de Malaisie a accusé les *hedge funds* de déstabiliser les monnaies asiatiques dont le ringgit. Pourtant, plusieurs travaux de recherche menés en 1999 ont montré que ces fonds n'avaient pas de positions courtes importantes sur le ringgit et, de ce fait, qu'ils n'avaient pas réalisé de profits liés aux dévaluations. Le problème s'est posé avec plus d'acuité en 1998 avec la quasi-faillite de LTCM. Ce n'est qu'à partir de cette période que la communauté financière et les autorités de contrôle se sont interrogées sur la provenance véritable du risque : l'effet de levier, avec comme corollaire le risque d'illiquidité. La situation à cet égard s'est améliorée puisque 70 % des fonds recourant à l'effet de levier se limitent à un levier compris entre 2 et 5, ce qui est beaucoup moins que durant les années 1990 ; les 30 % restant n'y recourent pas. Il est donc indispensable que ces fonds aient un niveau de capitaux propres en adéquation avec les risques pris (malgré les difficultés d'évaluation des risques). Selon Gupta & Liang (2005), à partir d'un échantillon de 1 500 *hedge funds* observés en mars 2003, seule une minorité d'entre eux est sous-capitalisée (3,7 % de ceux en activité, 10,9 % de ceux ayant cessé leur activité). De plus, les fonds en activité sous-capitalisés sont essentiellement de petits fonds avec un actif net médian de 66 millions de dollars, représentant 1,2 % du total des actifs de leur échantillon. Leur résultat ne peut être extrapolé à l'ensemble de l'industrie car les plus grands fonds n'y sont pas inclus.

Quant au risque systémique potentiellement dû aux *hedge funds,* il provient des liens entre ces derniers avec les banques, tant commerciales que d'investissement, agissant en tant que *prime brokers*. Elles subissent un risque de contrepartie, aussi bien en offrant des services de prêts et emprunts de titres, en refinançant à court terme les positions permettant l'effet de levier qu'en tant que contreparties de produits négociés de gré à gré. De plus, les *hedge funds* recourant de plus en plus à des produits peu liquides, ils encourent un risque de liquidité plus important et le transmettent ainsi indirectement aux banques qui les financent. Ces risques sont amplifiés par l'effet de levier d'une part, et dans la mesure où la concentration des contreparties est importante. En ce qui concerne les produits complexes et/ou dérivés, la concentration du risque de contrepartie entre les principales banques internationales est très élevée. La FSA (*Financial Services Authority)* mène une enquête semestrielle sur les principales institutions exposées aux *hedge funds*. L'étude d'octobre 2006 révèle que trois *prime brokers* dominent le marché de cette activité. Le risque de contrepartie (et de crédit) se cumule de plus avec le risque de liquidité des produits complexes et dérivés. Or, des actifs peu liquides n'ont pas de « prix de marché » et l'évaluation de ces actifs est à la discrétion de leurs détenteurs… La conclusion de Chan *et al.* (2005) souligne que certaines données sont encore non disponibles (dont celles relatives aux produits structurés) pour évaluer précisément l'ampleur du risque systémique dû aux *hedge funds*.

3

Quel avenir pour le *private equity* ?

Le capital investissement est peut-être aujourd'hui l'élément le plus perturbateur d'une vision simplificatrice de l'économie mondiale. Il est donc normal qu'il suscite beaucoup d'intérêt de la part des économistes et des décideurs, et occupe une place prépondérante dans le débat politique. Cette attention est d'autant plus forte que ce phénomène a connu un développement important depuis les années 1980 et a attiré des investissements toujours croissants vers cette classe d'actifs, ou plutôt ces classes d'actifs. Il est en effet d'usage d'en différencier au moins deux catégories : d'une part les fonds de capital-risque, qui investissent dans de jeunes entreprises technologiques et se caractérisent par leur impact favorable sur l'innovation. L'investisseur apparaît dans ce cas comme un intermédiaire financier actif qui endosse de nombreux rôles, notamment celui de directeur, de conseiller ou même de manager de l'entreprise dans laquelle il investit ; d'autre part, les fonds LBO (*leveraged buy-out*) sont déterminés, eux, par l'utilisation d'un fort effet de levier pour racheter des entreprises générant des cash-flows (liquidités) importants. Les LBO s'appuient alors sur les cash-flows que l'entreprise générera pour rembourser les intérêts de la dette. Et ce sont ces deux types d'actifs, constitutifs du capital investissement, qui vont se trouver au cœur de toutes les interrogations et de tous les débats financiers et donc économiques d'aujourd'hui.

Naissance et évolution du capital-risque aux États-Unis

La première entité de capital-risque, ARD, a été fondée en 1946 par Karl Compton, président du MIT, et Georges Doriot, professeur à Harvard, ainsi que d'autres personnalités de l'Etat du Massachusetts. Ces investisseurs ont décidé d'investir dans des compagnies à risque élevé et qui développaient des technologies issues de la Deuxième Guerre mondiale. ARD connut beaucoup de succès dans ses investissements qui ont crû en valeur de 70 000 dollars à 335 millions de dollars en vingt-six ans. ARD était constitué sous la forme d'un fonds d'investissement coté en Bourse et vendu essentiellement à des particuliers en raison de la résistance des institutionnels à investir dans un support aussi risqué. Les fonds de capital-risque qui suivirent furent aussi structurés en tant que fonds cotés. En 1958 fut fondée la première firme de capital-risque Draper, Gaither and Anderson, organisée sous la forme juridique de *Limited partnership* (LP). Cependant, le format de LP n'était pas le plus utilisé pendant les années 1960 et 1970. En effet, le fonds coté en Bourse ainsi que les SBICs étaient les véhicules d'investissement les plus utilisés.

Pendant les décennies 60 et 70, les sommes consacrées au capital-risque se limitaient à quelques centaines de millions de dollars. Par la suite, au début des années 1980, les changements de régulation relatifs aux règles d'investissement des institutionnels (fonds de pension, assurances) ont permis un afflux plus important de fonds vers le capital-risque. Progressivement, le format *Limited partnership* est devenu la forme juridique dominante, utilisée pour réunir des fonds destinés à être investis dans le capital-risque. Ce format a été plébiscité en raison des avantages fiscaux qu'il procure (il n'y a pas de taxe sur les gains en capital) qui ont séduit les investisseurs institutionnels. Mais les origines de la croissance sont directement liées à la modification du *Prudent Man Rule*. En 1978, aux Etats-Unis, la modification de la *Prudent Man Rule* par le département du Travail a levé les barrières réglementaires à l'entrée qui empêchaient les fonds institutionnels américains d'investir une partie de leurs portefeuilles dans le capital-risque. En effet, auparavant, la *Prudent Man Rule* interdisait aux fonds institutionnels américains de diversifier leurs portefeuilles dans des investissements jugés risqués. Cette modification réglementaire a eu un impact majeur sur le développement de l'industrie du capital-risque américain dans les années suivantes. En effet, elle a conduit les institutionnels à consacrer des montants importants rapportés à l'échelle des fonds récoltés par le capital-risque dans les années qui suivirent.

Ainsi, dès les années 1980, on constate une forte poussée des sommes allouées au capital-risque du fait de la participation des institutionnels américains, même si le vrai démarrage du mouvement n'eut lieu que dans la moitié des années 1990, ce qui a permis que de nos jours, les institutionnels américains investissent un pourcentage non négligeable de leur portefeuille dans le non-coté. Que s'est-il donc passé dans ces années ? Aux Etats-Unis, le capital-risque a connu, en effet, un développement exponentiel et cette croissance s'est accélérée en 1995 avec l'avènement de la révolution des technologies de l'information et l'accélération de la productivité qui l'a accompagné. En 2000, le capital-risque aux Etats-Unis a connu un épisode de croissance spéculative en raison de la conjonction de plusieurs éléments favorables (révolution des technologies de l'information, inflation maîtrisée et expansion économique). L'éclatement de la bulle en 2001 a fait revenir le montant des investissements à des niveaux relativement bas. Le capital-risque américain tente de se remettre de cette crise et n'a pas encore retrouvé les niveaux d'investissement atteints en 2000. L'industrie des LBO, elle, est apparue vers le début des années 1980 avec une histoire fondamentalement différente de celle du capital-risque, plus difficile à appréhender. Au point que certains économistes ont cherché à comprendre les facteurs ayant conduit à la naissance des LBO au début des années 1980. Jensen (1993) avance l'explication selon laquelle le développement impressionnant du LBO au début des années 1980 est la conséquence d'un mauvais management à la tête des entreprises américaines tout au long des années 70. En raison de l'augmentation du prix du pétrole, à la suite des crises pétrolières de 1974 et de 1979, certaines entreprises, notamment celles appartenant au secteur pétrolier, se sont retrouvées avec des excédents de liquidités sans savoir où les réinvestir. De même, certaines industries, suite à des changements technologiques et à des changements concernant la régulation, se sont retrouvées avec beaucoup d'excédents financiers. A l'époque, les entreprises se retrouvant avec beaucoup de liquidités n'avaient pas encore l'habitude de rendre du cash à l'actionnaire au moyen de rachats d'actions par exemple. Aussi, ces managers continuaient d'investir même si les projets dans lesquels ils investissaient étaient peu rentables. Jensen (1993) affirme alors que ce sont les marchés de capitaux qui se sont chargés de rappeler ces managers à l'ordre en inventant de nouveaux instruments pour réduire l'excès de capacité en liquidités des entreprises. C'est ainsi que furent utilisés massivement les acquisitions à effet de levier, les LBO ainsi que les rachats d'actions ou encore les OPA hostiles. Les innovations financières ont réussi à éliminer les excès de liquidités. En effet, ces différents montages financiers opèrent à travers la discipline imposée par le service de la dette, discipline qui force les managers à trouver les moyens de créer du cash afin de pouvoir rembourser les intérêts des emprunts.

MUTATION DU *PRIVATE EQUITY*

Ces actifs sont aujourd'hui au cœur d'une formidable contradiction. D'une part, ils se présentent comme une véritable alternative aux modèles traditionnels et comme la seule véritable incitation à développer l'innovation et, d'autre part, ils sont, aujourd'hui et demain, confrontés aux difficultés financières mondiales actuelles qui se traduisent déjà par une difficulté à les financer. Selon le succès ou non du capital investissement des toutes prochaines années, on saura s'il s'agissait d'un feu de paille ou d'une véritable réorganisation de l'économie mondiale. Plus précisément, le capital investissement est questionné sur sa nature réelle. Peut-on créer de la valeur sans discontinuer ? Y a-t-il de nouveaux types de relations entre les actionnaires et le management de l'entreprise considérée ? Les succès du capital investissement sont-ils essentiellement liés à la nature des montages financiers, principalement de la dette que les fonds arrivent à lever ? Voilà toute une série de questions qui méritent réponse, sachant que cette nouvelle forme d'investissements non cotés a vu croître des interrogations légitimes sur son impact macroéconomique.

Tout cela mérite donc de la rigueur dans les définitions, de la précision dans les chiffres et une évaluation stricte de ce qui est connu et de ce qui ne l'est pas. Il est parfaitement exact que le sujet n'est pas simple, ce qui a de lourdes conséquences sur la clarté des débats. Les derniers mois notamment ont vu toutes les interrogations soulevées prendre un tour vraiment polémique. Qu'il s'agisse de l'information jugée insuffisante, de l'impact salarié, considéré trop rapidement et injustement comme négatif, des risques systémiques liés à l'abus du levier d'endettement ou des problèmes de répartition des plus-values et donc d'éventuels conflits d'intérêts, tout est jugé, dans le meilleur des cas, comme sujet à doutes. Cela s'est déjà traduit par la sortie de nombreux rapports tout au long de l'année 2007 (*Cbo Testimony*, juillet 2007, *House Of Commons Treasury Commitee*, juillet 2007). Le plus significatif et controversé a été celui de sir David Walker, ancien président de Morgan Stanley International, qui a publié en juillet 2007 un document préconisant plus de transparence des fonds de capital-investissement. Dans un contexte où les fonds de LBO sont au cœur d'une polémique sur leur fiscalité, le rapport se voulait une forme de réponse. En effet, rappelait-il, le manque de données dont on dispose sur ce secteur est à l'origine des soupçons et des spéculations sur la nature exacte de son activité. Le rapport Walker demandait donc la création d'un organe au sein duquel toutes les firmes de capital-investissement seraient tenues de déposer des informations sur la performance des entreprises prises en charge, ainsi que sur les caractéristiques des fonds levés. Ne pouvant contraindre les firmes de capital-investissement à se conformer à ces recommandations, le rapport leur proposait une période de consultation à l'issue de laquelle elles devaient donner leur réponse.

Dans le même esprit et à peu près en même temps, en France, la Commission bancaire s'est précisément interrogée sur l'exposition au risque des banques par l'intermédiaire du financement des LBO. Et l'AMF a produit en juin 2007 une étude dressant une cartographie des risques en matière de stabilité financière et de production de l'épargne dans laquelle elle porte une attention toute particulière aux opérations de LBO et aux transferts de cette dette au travers des CDO. C'est dire si le monde des institutions financières veut désormais intervenir dans la régulation de cette industrie. Une véritable école de l'analyse du capital-investissement s'est créée, sous l'autorité de M. Jensen. A partir de son article fondateur

(« *Eclipse of the public corporation* », 1997) de nombreux économistes réputés ont étudié tous les thèmes propres à cette organisation capitalistique : la gouvernance, la rentabilité, la liquidité... S'il ne fallait en citer que quelques-uns, on se doit d'évoquer S. Caplan, J. Lerner, T. Jenkinson. Tous considèrent qu'ils sont confrontés au sujet majeur de ce début de siècle. Mais ce qui est plus récent, c'est leur intérêt pour des sujets très liés à une nouvelle phase du capital-investissement : le caractère cyclique du capital-investissement qui jouera, s'il est mis en évidence, un rôle déterminant dans la conjoncture troublée à venir.

Surtout, un autre thème de réflexion souligne encore plus les bouleversements que connaît son développement : la naissance de ce qu'on appelle le *private equity* 2.0. L'expression n'est pas sans rappeler l'évolution des sites internet autour des années 2000. Auparavant, les sites web étaient statiques, reposant sur des bases de données figées. L'évolution vers le « web 2.0 » s'est observée avec une plus grande possibilité d'interaction des internautes avec le contenu des pages. Le web s'est adapté aux utilisateurs. C'est Jenkinson (2007) qui est l'auteur de cette analogie entre l'évolution du web et celle du capital-investissement. Selon lui, l'industrie du capital-investissement est en train de s'adapter à l'environnement économique auquel elle est confrontée. En effet, devant les plus grandes difficultés des fonds à effectuer les « delistings », les opérations évoluent maintenant vers de nouvelles voies.

D'une part, un investissement minoritaire persistant. Certains fonds de LBO considèrent que le retrait de la cotation n'est plus un élément indispensable à la mise en place d'un dispositif de contrôle de la firme. Blackstone détient, par exemple, 4,5 % du capital de Deutsche Telecom et intervient dans le management de celle-ci, et Wendel a pris en octobre-novembre 2007 une participation de plus de 15 % dans Saint-Gobain. D'autre part, une prise de participation patiente, en vue d'un rachat à terme moins coûteux. Devant les résistances du marché face aux opérations de rachat des firmes cotées, le mode opératoire des fonds de LBO évolue sur un horizon prolongé.

Industrie encore mal régulée

La plupart des économistes définissent le capital-investissement à travers son caractère non coté et non réglementé, par opposition aux investissements cotés sur les marchés financiers réglementés (Lerner, 1998, Gompers, Lerner 2001). Plusieurs raisons peuvent amener les investisseurs à vouloir éviter les marchés financiers réglementés, à retirer les entreprises de la cote et à préférer donc le capital-investissement comme mode de gouvernance :

– la régulation impose aux entreprises des obligations de transparence et de communication financière périodique qui sont de plus en plus coûteuses, en termes de gestion administrative, comme la loi Sarbanes-Oxley vient d'en apporter l'illustration ;

– ces obligations de communication régulière induisent une forte préférence des marchés pour le court terme, avec une exigence de progression régulière des résultats de l'entreprise aux dépens des investissements rentables sur le long terme mais coûteux à court terme ;

– la régulation actuelle, tout en favorisant l'activisme des actionnaires, en limite l'étendue dans la mesure où elle enserre le monitoring actif des managers dans des limites étroites et réduit de fait la capacité des actionnaires à influencer la stratégie menée par les managers.

Pour toutes ces raisons, les investisseurs préfèrent retirer certaines entreprises de la cote, particulièrement celles qui produisent d'importants cash-flows. Dernièrement, les entreprises cibles du retrait de la cote sont de taille plus importante en raison de l'apparition des mégafonds dans l'industrie du capital-investissement. En réalité, il y a de nombreuses raisons de préférer une entreprise non régulée. Quand une entreprise est non cotée ou retirée de la cote, les actions de l'entreprise sont, en général, détenues par relativement peu d'actionnaires et l'actionnariat est plutôt concentré, ce qui rend les prises de contrôle agressives difficiles (De Angelo et De Angelo, 1987). Mais surtout, le processus de gestion est simplifié (Bierman, 2003) : conséquence du retrait de la cote, moins de documents financiers sont à fournir, notamment en ce qui concerne les obligations réglementaires propres à la SEC ou à l'AMF. Ainsi, l'entreprise ne subit plus la réaction des marchés suite aux publications de documents financiers annuels ou trimestriels, le choix des membres du conseil d'administration se fait davantage sur des critères de compétence que sur des critères de réputation, l'entreprise économise le coût de dissémination de l'information auprès des actionnaires. Certes, pour le non-coté, il y a un manque évident de transparence. Mais cette opacité permet de conserver les secrets de l'entreprise (confidentialité de la propriété industrielle), de développer ses activités de R & D et de mieux gérer sa politique d'innovation que dans les sociétés cotées (De Angelo et De Angelo, 1987). Enfin, le retrait de la cote permet également de prendre le temps pour une entreprise de définir sa stratégie et de mettre en œuvre ses décisions, sans craindre les critiques des analystes chaque trimestre (Jensen, 1989, 2007). Il y a une plus grande souplesse, une réelle liberté d'action par rapport aux sociétés cotées.

Ainsi, théorie et pratiques professionnelles se rejoignent sur le caractère inconnu, incertain et mouvant de ces activités. Chacun a le sentiment de défendre des territoires inconnus et ainsi de dessiner les caractéristiques du monde à venir. Dans ce monde en ébullition, certains prennent cependant des positions définitives. C'est le cas de Patrick Artus qui démontre que le capital investissement a « une capacité à obtenir une gestion des entreprises meilleure que celle que peuvent obtenir les actionnaires des sociétés cotées ». Le non-coté aurait donc des vertus intrinsèques en ce qui concerne la qualité de management des entreprises, ce qui serait la cause essentielle des rendements élevés du capital-investissement. Tout ceci peut même conduire à s'interroger, comme le fait T. Jenkinson, sur la possibilité de la fin des marchés financiers traditionnels. C'est dire si, entre la suspicion lourde et la constatation d'une efficacité économique des fonds, il y a une marge importante pour aboutir à un diagnostic définitif.

Guerre des capitalismes ou concurrence des formes d'organisation ?

En fin de compte, le *private equity* et les *hedge funds* activistes contribuent à faire ressortir et à créer de la valeur que les sociétés cotées détruisent par les conflits d'agence qu'elles renferment, et les insuffisances de leur gouvernance qui n'arrive pas à les circonscrire.

Les deux énigmes qui résultent de cette analyse permettent de répondre à la question posée : guerre des capitalismes ou concurrence (darwinienne) des formes d'organisation pour l'allocation des ressources ? La première énigme concerne le transfert des techniques utilisées par le *private equity* et les *hedge funds* aux sociétés cotées. La seconde énigme a trait aux mérites comparés de l'influence de ceux-ci sur les sociétés cotées, soit directement à la suite de leurs interventions, soit indirectement par l'amélioration de la gouvernance des sociétés cotées suscitée par la crainte de leurs possibles interventions, avec les mérites des fonds souverains d'Etat en matière d'amélioration de la gouvernance des sociétés dans lesquelles ils investissent.

La plupart (sinon toutes) des techniques utilisées par le *private equity* et les *hedge funds* activistes pour créer de la valeur pourraient être adoptées par les sociétés cotées. Pourquoi celles-ci ne le font-elles pas, à quelques exceptions près comme Eurazeo et Wendel en Europe, ou aux Etats-Unis Berkshire Hathaway avec Warren Buffett et Charles Murger à la tête de cette société ? Les ingrédients sont pourtant bien connus : équipes dirigeantes de taille réduite, endettement plus important comme mécanisme disciplinaire, rémunérations fondées sur la performance spécifique de la société et non sur la hausse des marchés boursiers, conseils d'administration intéressés, externalisation du processus budgétaire auprès des prêteurs, focalisation officielle sur la création de valeur et abandon des jeux contre-productifs de communication financière inadaptée entre les dirigeants et certains acteurs des marchés financiers à l'influence autoproclamée.

Notre hypothèse est que la société cotée ne disparaîtra pas pour autant mais les pratiques des *hedge funds* activistes et du *private equity* irradieront le fonctionnement des sociétés cotées. Aussi, les marchés financiers continueront à assurer leur rôle de système d'allocation des ressources, supérieur à tous les autres pour assurer la croissance et le développement économiques, comme l'ont montré de nombreuses et récentes études empiriques, mais avec une gouvernance plus efficace de leur stratégie et de leur fonctionnement.

Le capitalisme a succédé à la société féodale à la fin du XVIIIe siècle. L'économie de marché et le capitalisme financier ont triomphé au XXe siècle. Le monde flirte aujourd'hui avec la résurgence d'un capitalisme d'Etat, et d'une nouvelle philosophie et de nouvelles pratiques du commerce mondial. La « puissance de feu », c'est-à-dire le montant des actifs sous gestion, des fonds gérés par le *private equity* et les *hedge funds*, est aujourd'hui dépassée par celle des fonds d'investissement souverains. Du point de vue de l'efficacité de l'organisation économique, on peut être inquiet des conséquences des interventions des fonds souverains, non pas tant du fait de la crainte souvent évoquée d'une dérive géopolitique de leurs motivations, mais précisément de leur passivité. Si leurs interventions au cœur du capitalisme mondial et leurs prises de participation dans les grandes banques anglo-saxonnes ont été si facilement acceptées par *l'establishment* politique concerné, c'est parce que non seulement leurs poches sont profondes, mais parce que leurs interventions sont « massives, passives, amicales et patientes ». Mais on peut s'inquiéter des dangers que recèle une telle passivité, très bienvenue pour les banques concernées. La « création destructrice » qu'apporte toute crise sera épargnée aux structures défaillantes. L'attitude de ces fonds souverains en matière de gouvernance est aux antipodes de celle du *private equity* et des *hedge funds*, qui doivent se préoccuper principalement du retour sur investissement exigé par leurs investisseurs.

Il faut souhaiter que la guerre des capitalismes ne soit pas celle que l'on craint au niveau géopolitique, mais continue à être celle d'une concurrence entre les formes d'organisation qui évoluent au fur et à mesure des étapes de la croissance économique que traversent les pays et pour lesquelles elles sont le mieux adaptées.

CHAPITRE VI

UN MONDE EN LUTTE POUR LES RESSOURCES RARES

« Les hydrocarbures sont aujourd'hui au centre, en tant que base de l'énergie, d'un des débats majeurs de ce siècle. Nous devons d'abord amener l'énergie au consommateur, c'est un devoir, ce n'est pas simplement du capitalisme. Ensuite, le changement climatique n'est plus simplement, aujourd'hui, de l'ordre de la communication, c'est aussi un devoir et j'aimerais bien que ceux qui sont chargés de diriger notre belle planète écoutent un peu ceux qui ont quelque chose à dire, non pas sur le plan politique mais sur le plan pratique. »

Christophe DE MARGERIE,
Total.

Pendant que se livre la bataille du capital, les inquiétudes sur les ressources de la planète pour nourrir, abreuver, enrichir six milliards d'individus se précisent et se multiplient. Les preuves scientifiques de la dégradation environnementale s'accumulent. Les égoïsmes, les intérêts particuliers, les préoccupations économiques légitimes en sont-ils ébranlés ? Pas du tout. Il faut dire que les alibis sont nombreux, presque imparables : comment faire sortir de la pauvreté un milliard de Chinois ou huit cent millions d'Indiens sans brûler du charbon, sans accélérer la croissance ? Et l'Afrique ? Si riche de ressources naturelles pendant que 82 % des Africains peinent pour accéder à l'eau. Les luttes qui s'y jouent aujourd'hui entre Américains et Chinois ne feront pas forcément l'affaire des Européens. L'énergie est au cœur des tensions actuelles. Le prix du baril de pétrole a dépassé en janvier 2008 le seuil symbolique de 100 dollars, tiré vers le haut par la demande des pays émergents et par les risques grandissants qui pèsent sur les sources d'approvisionnement. L'enjeu nucléaire se situe au carrefour des préoccupations économiques et politiques. C'est pour toutes ces raisons que nous jugeons nécessaire de revisiter la question de la rareté.

1

Pétrole, eau, capital humain : des enjeux planétaires

L'approche de la rareté doit être internationale. Les Etats sont en concurrence pour l'accès à des ressources qui ne sont certainement pas exclusivement allouées par une main neutre et « invisible ». Il y a ainsi un problème essentiel d'action collective qui invite à repenser les principes et les institutions susceptibles de favoriser la coopération et d'accroître les coûts de comportements individuels prédateurs. En fait, il peut être utile, de façon certes schématique, de distinguer deux dimensions de la rareté. La première pourrait être appelée « rareté cumulative », et correspond à la situation dans laquelle la gestion de la rareté repose sur les actions combinées des différents agents qui y apportent chacun une contribution essentielle. C'est par exemple le cas de la qualité de l'air (via la pollution) ou de la préservation de la biodiversité. La seconde, la « rareté concurrentielle », conduit les individus ou les Etats à chercher à garantir leur accès aux ressources. C'est par exemple le cas des sources d'énergie non renouvelables. Ces deux dimensions correspondent à deux types différents de bien public et d'action collective. Dans le premier cas, le problème à résoudre est un « dilemme du prisonnier » typique, car chacun peut être tenté d'attendre que les autres agissent, puisque seule la participation de tous aura l'impact recherché. Dans le second, le bien collectif est celui de la sécurité des approvisionnements, et l'action collective consiste à savoir partager la rareté, pour des raisons éthiques, économiques et politiques, et en prévention de conflits potentiels.

PÉTROLE, NUCLÉAIRE ET SÉCURITÉ ÉNERGÉTIQUE

Par bien des aspects, les débats actuels rappellent ceux qui ont suivi le premier choc pétrolier et la perception aiguë des limites à la croissance. Or, les années 80 et 90 se sont déroulées dans un contexte énergétique très différent. Est-on entré dans un monde d'énergie durablement chère ? Peut-être. Le prix du pétrole a finalement atteint le seuil fatidique et symbolique des 100 dollars le baril. Mais il convient de relativiser quelque peu cet événement. En dollars constants, ce seuil avait déjà été atteint en 1980, au moment du deuxième choc pétrolier, quand nos économies étaient beaucoup plus intenses en pétrole. En 1980, il fallait deux barils de pétrole pour produire 1 000 dollars de valeur ajoutée, il en faut aujourd'hui un demi-baril. En 1980, le prix du pétrole avait cassé la croissance économique mondiale ; il n'en est rien aujourd'hui car une bonne partie des pétrodollars se recyclent dans la sphère financière, génératrice de nouvelles formes de croissance, ou de récession.

La situation actuelle se caractérise à la fois par un retard d'investissement, notamment dans le raffinage, par l'instabilité dans les zones productrices et par un choc de demande durable, lié au régime de croissance soutenu des pays émergents, dont la Chine. Les mécanismes de marché réagissent naturellement à l'intensification de la rareté du pétrole, réelle et perçue, par le biais de la hausse des prix, qui incorpore à la fois les tensions présentes et l'anticipation des tensions futures.

Le problème est que les chocs, à la hausse comme à la baisse, sont coûteux pour de nombreux acteurs et que se reposer sur les mécanismes d'ajustement du marché, pour efficaces qu'ils soient à terme, expose l'économie à des incertitudes et des fluctuations particulièrement coûteuses. D'où l'importance de développer des politiques énergétiques permettant de mieux gérer les à-coups de la rareté par la diversification des sources, l'encouragement des économies d'énergie, la promotion du progrès technique dans l'exploitation et l'utilisation. Or, l'intérêt de ces politiques énergétiques devient palpable en cas de crise, mais paraît moins convaincant lorsque les prix du pétrole baissent.

Ressource très inégalement répartie, le pétrole, les lieux où on le trouve et les conditions d'exploitation distinguent fondamentalement les marchés pétroliers des marchés en concurrence parfaite, même si, à très court terme, le fonctionnement des marchés *spots* peut faire illusion. En fait, un modèle plus adapté est celui du monopole bilatéral : entre un pays disposant de ressources naturelles (ce qui lui confère un pouvoir de monopole) et une entreprise capable de les exploiter, il n'y a pas d'équilibre défini dans le partage de la rente. Au début de la mise en exploitation, la négociation sera souvent favorable à l'entreprise ; mais une fois cette dernière installée et les habitudes de production et consommation établies, le marchandage devient favorable au détenteur des ressources. Le partage de la rente et donc le fondement du prix du pétrole sont des sujets largement politiques. Il relèvera toujours de l'expression et de l'évolution des rapports de force. Mais tenter d'en lisser l'évolution à travers un dialogue producteurs-consommateurs plus élaboré aurait beaucoup de sens.

Si on regarde la carte du monde, on constate que plus de 80 % des réserves de pétrole et de gaz sont concentrées sur une trentaine de pays, tous à hauts risques : Amérique latine, Afrique de l'Ouest, Afrique du Nord, Moyen-Orient, Asie centrale, Russie,

Indonésie. La question majeure est de savoir si les investissements dont on a besoin vont se faire dans ces pays, alors que certains sont fermés à l'investissement international, que d'autres sont tentés par des positions nationalistes très dures, et que d'autres encore sont soumis à des problèmes d'instabilité possible et donc d'accroissement des risques. En fait, le danger ne vient pas du sous-sol, mais de ce qui se passe sur le sol. En d'autres termes, c'est plus un problème de géopolitique des ressources et des pays qu'un problème de géologie des ressources.

Le doublement brutal des prix du pétrole et du gaz, équivalant par son ampleur aux chocs pétroliers des années 1970, est générateur en lui-même de graves tensions géopolitiques : déséquilibre des balances des paiements, recyclage et instabilité spéculative des masses de pétrodollars, appauvrissement dramatique des pays les moins avancés, etc.

Sur un marché par nature tendu et volatil, le niveau des prix dépend de plusieurs facteurs. Facteur économique d'abord, mais on peut penser qu'un ralentissement de la croissance, ou même l'amorce d'une récession aux Etats-Unis n'aurait que peu d'impact sur la demande globale tirée par l'Asie de produits pétroliers. Il pourrait toutefois détendre la situation sur le plan des prix. Facteur climatique : des évènements climatiques extrêmes pourraient toucher certaines zones de production, ce qui aurait pour effet immédiat de faire monter les prix. Mais ce sont les facteurs géopolitiques qui restent les plus importants. Toute rupture géopolitique, toute menace, locale ou régionale, toute action terroriste est de nature à créer immédiatement des tensions sur les prix qui peuvent entraîner de très fortes hausses sur un marché marqué par l'angoisse de ne pas avoir une offre suffisante. A moyen terme, l'incertitude porte, non pas sur le montant des réserves en place mais sur les investissements qu'il faut effectuer pour transformer les réserves existantes en capacités de production.

Et qui peut investir ? Les grandes compagnies internationales, certes, mais elles sont limitées dans leurs ambitions à la fois par la nature risquée des grands territoires et par le fait que, parfois, elles sont *non grata* dans ces territoires. Les compagnies pétrolières et gazières des pays en question – mais elles sont là aussi souvent limitées par le désir de leurs gouvernements, qui veulent récupérer l'argent du pétrole ou du gaz pour le budget de l'Etat, pour le développement économique ou social des pays. Nous sommes face à un problème d'économistes : les mécanismes de prix peuvent-ils rééquilibrer ce déséquilibre, sachant qu'on a bien une asymétrie entre des énergies fossiles avec des émissions et des énergies renouvelables dont on n'a pas encore cerné très bien la valeur pour l'humanité, des ressources fossiles qui sont des biens privés, même si c'est la propriété des Etats, confrontées à des biens publics énergétiques comme le solaire ou le vent, tout en sachant que les énergies privées fossiles attaquent un autre bien public général qui est le climat ? Il est très intéressant de voir que, pour la première fois dans l'histoire de l'humanité, nous avons affaire à un bien public collectif, le climat, qui appartient indissociablement à six milliards d'habitants, bientôt neuf milliards, ce qui implique une gestion collective et mutualiste dont nous sommes encore loin.

En tout état de cause, la sécurité des approvisionnements énergétiques s'impose aujourd'hui comme une priorité stratégique majeure pour de nombreux Etats. Les Etats-Unis l'ont érigée en priorité de leur diplomatie, en tentant de renforcer leur contrôle sur le Moyen-Orient. L'Europe est désormais consciente que sa dépendance à l'égard du gaz russe, ajoutée à sa dépendance à l'égard du Moyen-Orient, la place dans une situation d'extrême fragilité et en conséquence vise à mettre en œuvre une politique commune. Le Japon est préoccupé de longue date par la quasi-absence de ressources minières. Les révolutionnaires islamistes sont conscients des nuisances qu'ils peuvent imposer à l'Occident en interrompant les livraisons, même temporairement. La Russie entend s'imposer à nouveau comme grande puissance à travers la reprise en main de son industrie des hydrocarbures et sa capacité de première puissance gazière mondiale. La Chine, l'Inde, le Brésil cherchent de leur côté à sécuriser leurs approvisionnements pétroliers et gaziers par l'action de leurs entreprises, qui sont devenues pleinement multinationales, et en renforçant leurs liens diplomatiques avec leurs fournisseurs tels que l'Iran, la Russie, la Bolivie, le Venezuela, etc.

Ainsi le temps du retour des impérialismes énergétiques semble proche, menaçant le libre-échange, voire la paix dans le monde. L'énergie s'impose comme une donnée géopolitique décisive du monde d'aujourd'hui et la seule variable de bouclage de cette rareté énergétique qui menace est l'énergie nucléaire. Mais l'énergie nucléaire pose encore la question de la prolifération de l'arme atomique. Si l'énergie nucléaire veut gagner sa réhabilitation, elle doit faire la preuve que le cordon ombilical qui la relie à l'arme atomique – dont elle est une retombée – est coupé. Si vingt pays au-delà du « club » fermé actuel des pays atomiques sont demain dotés de la bombe, le monde peut en effet se faire du souci pour sa sécurité.

Le fait que les Etats-Unis démontrent qu'ils sont prêts à faire la guerre pour dissuader la prolifération et qu'ils soient suivis dans cette politique par le concert des nations constitue en réalité une bonne nouvelle pour le retour en grâce de l'énergie nucléaire civile. Parmi les pays candidats les plus évidents pour la reprise du nucléaire figurent les Etats-Unis, la Chine, l'Inde, qui souhaitent se délivrer de leur trop grande dépendance à l'égard du charbon ; l'Australie, la Pologne et l'Afrique du Sud, gros producteurs de charbon ; en Europe, l'Italie, trop dépendante du pétrole et du gaz arabes ; l'Allemagne et l'Europe de l'Est pour réduire leur dépendance à l'égard du gaz russe ; les grands pays émergents de haute densité démographique. La matière fissile doit être placée sous contrôle international par une agence dotée de pouvoirs renforcés et respectés.

Le défi de l'accès à l'eau

Un milliard d'habitants de la planète n'ont pas accès à l'eau et 2,6 milliards vivent sans système d'évacuation des eaux usées. 25000 êtres humains meurent chaque jour parce qu'ils n'ont pas d'eau, la moitié sont des enfants. Pasteur dénonçait le fait que « 90 % des maladies ont pour origine des carences en matière d'eau ». Ce qui était vrai de son temps l'est plus encore aujourd'hui. « L'absence d'eau tue dix fois plus que les guerres », assène Loïc Fauchon, président du Congrès mondial de l'eau. Et le futur est encore plus inquiétant que le passé et le présent. Les chiffres, là aussi, parlent d'eux-mêmes : les réserves mondiales par habitant sont passées de 16 800 m^3 en 1950 à 7 300 m^3 en 2000 et atteindront probablement 4 800 m^3 en 2025. C'est-à-dire demain.

Il faut avoir le courage de dire que les objectifs dits « du millénaire » paraissent aussi hypocrites, si ce n'est plus, que ceux qui visent à éradiquer le sida d'Afrique d'ici 2010 : réduire de moitié, d'ici 2030, le nombre d'êtres humains qui n'ont pas accès à l'eau revient à raccorder chaque jour 260 000 personnes de plus au réseau d'eau potable et 370 000 à l'assainissement... Cela dans un contexte d'urbanisation galopante qui complexifie chaque année davantage la gestion de ce type de problèmes : alors qu'il n'y avait que trois villes de plus de 10 millions d'habitants en 1950, il y en a vingt et une aujourd'hui et il y en aura cinquante en 2025, dont quarante-cinq dans les pays en voie de développement.

Le problème principal n'est pas tant celui de la rareté de l'eau que celui de l'inégalité de l'accès à l'eau. Inégalité entre pays, inégalité entre régions, inégalité entre quartiers. Quelques chiffres : 82 % de la population d'Afrique a des difficultés d'approvisionnement en eau contre 35 % des Américains ; la consommation quotidienne d'eau à usage domestique est de 300 à 600 litres en Europe contre 10 à 40 en Afrique.

Un tel déséquilibre est pour le moins inquiétant. Pour autant, cela n'a aucun sens de faire dans le catastrophisme et, pire, dans le déclinisme planétaire, car de nombreux progrès ont été réalisés au cours des dernières années. Les investissements consentis chaque année pour améliorer le système d'accès à l'eau atteignent ainsi aujourd'hui 15 milliards de dollars. Cela est nécessaire, mais cela ne suffit pas.

L'ALIMENTAIRE EST-IL UNE ARME ?

Selon la FAO, trente-neuf pays sont affectés par des crises alimentaires, dont vingt-cinq en Afrique, onze en Asie-Proche-Orient, deux en Amérique latine et un en Europe, la Tchétchénie. Parmi les causes recensées prédominent les troubles intérieurs et la sécheresse. Les tensions et les conflits font bien plus de morts que les catastrophes naturelles : 13 millions contre moins d'un million. Et ces conflits ont surtout un effet en Afrique subsaharienne, avec 9,2 millions de morts sur la période 1994-2003 et 15,6 millions de réfugiés sur un total de 37 millions, soit 43 % au total des réfugiés en 2003. Dans ces conditions, il faudra sans doute plus de moyens que prévu pour résoudre les problèmes annoncés, notamment en Afrique, et exercer une pression mondiale plus forte pour mener une meilleure politique dans ces régions. Il ne faut pas perdre de vue que la détresse agricole est source de tensions, symétriquement, la force agricole est synonyme de pouvoir.

L'histoire s'inscrit donc ainsi : les produits agricoles sont spécifiques et la spécificité de cette sphère d'activité implique des logiques que l'on peut opposer formellement, mais aussi combiner. Le « grenier » est ainsi le domaine de la protection interne et de la garantie de qualité et de disponibilité. Le marché entend être aussi une garantie de disponibilité à moindre coût, étant entendu que les produits qui circulent sont nécessairement de qualité. En sus, par rapport au grenier, le marché permet plus de croissance globale. La coopération entend pour sa part réunir des moyens pour investir, distribuer, financer, innover... Mais une seule « logique grenier » freine l'expansion du domaine agricole aux limites du pays. Le succès même de l'agriculture conduit à l'échange. Symétriquement, une seule « logique marché » conduit à des risques internes en approvisionnement en matière de quantité, de prix et de qualité. D'où en fait une logique mixte, avec une capacité de production suffisante pour produire et stocker, éventuellement exporter ou nouer des partenariats pour l'import et l'export. La sécurité alimentaire est affaire de règles, de mesures, de vérification et de diversification des approvisionnements.

Mais on comprend que le point de départ de cette logique est celui des pays développés, qui vont la mettre en place à leur avantage. Le grenier sera ainsi d'autant plus faible que le pays sera puissant ou son réseau d'approvisionnement fort (Commonwealth par exemple). La puissance du pays naît de la taille de sa population combinée à son pouvoir d'achat, d'où le rôle des Etats-Unis, d'où celui de l'Europe, avec la France notamment. On comprend assez vite que ces logiques ne peuvent continuer seules. En effet, le couple développement interne des activités agricoles dans les grands pays/protection affecte profondément les échanges mondiaux et la situation même des agricultures dans les pays moins ou peu développés. Les agricultures vivrières sont menacées, alors qu'elles sont un important réservoir de main-d'œuvre. Les populations émigrent ainsi trop rapidement vers les villes, où elles connaissent des conditions de vie dégradées.

Entre ces cas extrêmes, toute une variété de solutions sont possibles, sachant que les gains de productivité continuent dans les agricultures les plus développées et que les prix sont donc orientés à la baisse, *a fortiori* si les agricultures des pays riches sont aidées. Ainsi, on pourrait considérer que la solution mécanique pour les pays les plus exposés au risque alimentaire est d'importer davantage encore de produits, avec les effets sur la population agricole que ceci implique. Autre exemple des limites des approches mécaniques : réduire les soutiens à la production dans les pays les plus avancés. Ceci ne devrait pas nécessairement les empêcher d'exporter, au prix d'une concentration des activités chez eux, notamment s'ils sont relativement peu subventionnés, tandis que des possibilités considérables s'ouvriraient alors aux pays émergents les plus avancés. On voit donc pourquoi il s'agit dans ces domaines de politiques d'ensemble, complexes et négociées. Mais n'oublions pas que le problème est ailleurs : c'est celui de la malnutrition aujourd'hui, en attendant de nouveaux hommes sur cette planète.

Le capital humain, une ressource inégalement répartie

Depuis l'irruption des « dragons » asiatiques dans les années soixante-dix, les sociétés européennes ont progressivement admis que l'industrie des pays riches ne pouvait pas concurrencer celle des pays à bas salaires dans les secteurs intensément utilisateurs de travail faiblement qualifié. En revanche, il a été longtemps tenu pour acquis, non seulement que les activités à forte intensité en travail qualifié étaient préservées de cette concurrence, mais même que la mondialisation allait leur bénéficier en raison d'une spécialisation croissante des pays développés dans les productions à haute valeur ajoutée. Cette représentation rassurante est aujourd'hui contestée. Si les Etats-Unis emploient toujours un tiers des chercheurs en science et *engineering* du monde, effectuent 35 % des publications et comptent pour 44 % des citations, la carte a commencé à changer. Informaticiens indiens, physiciens russes, ingénieurs chinois... c'est là où elles se croyaient hors d'atteinte que les économies des pays développés sont aujourd'hui concurrencées. Toujours plus nombreuses sont les entreprises qui vantent les qualités de la main-d'œuvre qualifiée des pays émergents et qui annoncent leur intention d'y délocaliser des activités à haute valeur ajoutée.

D'après l'étude, réalisée par Robert Barro et Jong Wha Lee, de la répartition de la population selon le niveau d'instruction atteint, la différence entre les Etats-Unis et l'Europe tient au capital humain et non au capital physique, tandis que la différence entre l'Europe et les grands pays émergents tient certes aux deux facteurs, mais plus nettement au capital physique qu'au capital humain. Tout se passe donc comme si, au contraire des Etats-Unis, l'Europe avait choisi d'asseoir sa prospérité sur le capital physique plutôt que sur le capital humain et que même si elle a, depuis une vingtaine d'années, accru son effort de formation, elle n'a pas constitué en ce domaine un avantage comparatif marqué.

A long terme, cependant, se pose la question du maintien de l'avantage comparatif de l'UE. Le capital est sensiblement plus mobile que le travail, il tend à se déplacer vers celui-ci lorsque les conditions économiques et institutionnelles le permettent. Le travail lui-même tend à se déplacer. Les pays qui accumulent du capital humain peuvent donc espérer attirer graduellement le capital actuellement concentré dans les pays riches. Ce processus sera nécessairement lent. Mais il est inexorable. Comme l'a relevé John Sutton (2005), les entreprises des pays émergents disposent de plus en plus des aptitudes nécessaires à la maîtrise de processus de production complexes et à l'obtention d'un haut niveau de productivité et de qualité.

En tout cas, la ressource humaine ne fera pas partie des ressources rares au niveau mondial dans les prochaines décennies. En effet, entre 1,5 et 2 milliards de travailleurs frappent à la porte du marché du travail mondial qui se met en place depuis une quinzaine d'années. Compte tenu des évolutions démographiques et des niveaux de maturité des différentes zones économiques, cette ressource ne sera pas uniformément répartie. Les pays occidentaux, à des degrés divers, sont rentrés dans une période de régression démographique qui va conduire une majorité d'entre eux, sauf à mettre en œuvre des politiques actives d'immigration, à gérer une diminution en valeur absolue de leur population active. A l'opposé, les plus dynamiques des pays émergents bénéficieront d'une démographie encore favorable et/ou de réserves de main-d'œuvre sous-utilisée dans le secteur agricole qui seront progressivement transférées vers les secteurs industriels et des services.

Cette main-d'œuvre abondante aura bénéficié du formidable effort d'éducation mis en place dans beaucoup de pays émergents depuis la fin de la Seconde Guerre mondiale : dans la plupart des pays d'Asie mais également dans certains pays d'Amérique latine comme le Brésil. La Chine assure l'accès à l'enseignement secondaire supérieur à 50 % d'une classe d'âge et à 20 % dans l'enseignement supérieur. Au total, près de 5 millions de jeunes Chinois sortent chaque année du système éducatif avec un diplôme de l'enseignement supérieur. D'autres pays asiatiques ont déjà atteint des niveaux de scolarisation « occidentaux » en matière d'accès au secondaire long et aux études supérieures. En revanche les taux de scolarisation à l'école primaire sont en régression par rapport au début des années quatre-vingt dans un grand nombre de pays d'Afrique.

Tout indique que le monde ne sera pas confronté à une rareté quantitative ou qualitative des ressources humaines dans les cinquante prochaines années. En revanche, de ce double point de vue, nous allons probablement assister à une gigantesque redistribution des cartes au détriment des pays anciennement développés et au profit des pays aujourd'hui qualifiés d'émergents. Or nos pays ne supporteront pas le double impact d'une diminution en nombre absolu de leurs populations actives et d'un affaissement relatif de la performance de leurs systèmes éducatifs. La compétitivité des nations se joue à l'école.

*

Le survol de ces terrains d'affrontement ne nous laisse-t-il aucun espoir ? Le pire n'est pas toujours sûr et les pistes de solution existent. L'Europe, première puissance commerciale mondiale, en est une, à condition qu'elle réaffirme la force de sa diversité et décide d'influer sur le contenu des règles internationales. La réforme de la régulation internationale est une autre piste décisive si elle arrive à intégrer les pays qui ne supportent plus d'être tenus à l'écart des grandes instances. La tâche est immense, l'Europe doit en prendre toute sa part.

CHAPITRE VII

L'EUROPE AU CŒUR DU NOUVEAU CAPITALISME

« La globalisation engendre des inégalités croissantes et les réactions des nations contribuent à la globalisation des conflits. Le défi est donc celui d'une articulation féconde de l'unité et de la diversité. C'est très précisément l'identité que veut se donner l'Union européenne, et qui figure dans le projet de Constitution : l'unité dans la diversité. »

Philippe HERZOG,
Confrontations Europe.

La prise en compte de la dimension sociale confère à l'organisation économique de l'Union européenne son caractère unique et exemplaire. Derrière les diversités issues de leurs multiples histoires, ce sont bien les valeurs sociales et humanistes des pays européens qui représentent un atout décisif à jouer pour calmer le bellicisme ambiant. C'est à ce titre que l'Europe a sa place au cœur du capitalisme mondial. Cette place, l'Europe la trouvera en se rappelant que ce qui a toujours fait sa force, c'est sa diversité et son socle social partagé. Plusieurs modèles cohabitent en effet sur notre continent, mais ils sont souvent confrontés aux mêmes enjeux imposés par le processus de globalisation. Diversité n'est pas désunion. C'est en parvenant à porter un message cohérent sur les contours d'une régulation réformée que l'Europe pourra être entendue par ses partenaires américains ou asiatiques. Le défi européen est double. Les Etats européens doivent d'abord se donner les moyens de moderniser leurs modèles économiques et sociaux aujourd'hui sous tension. Renforcés, cohérents, ils pourront alors tenter ensemble d'influer sur la nature des régulations à mettre en place pour éviter les conflits qui s'annoncent. Rien ne sera facile, mais les enjeux valent d'y consacrer les efforts nécessaires.

1

Les modèles sociaux européens sous tension

Bien que présentant de fortes similitudes, les modèles sociaux des différents pays européens ont toujours présenté des dissemblances significatives entre eux, liées aux histoires politiques, économiques et sociales différentes. Dans la période récente, ils ont été soumis à des forces allant, pour certaines, dans le sens d'une divergence accrue, pour d'autres dans le sens de la convergence.

Les pays européens sont tous confrontés aux défis de la mondialisation, à l'intensification de la concurrence, à la montée des pays émergents, aux fluctuations des taux de change, aux désordres financiers. Mais, d'une part, ils ne sont pas tous affectés de la même façon, en fonction de leurs caractéristiques structurelles, notamment de leur insertion dans la division internationale du travail, d'autre part, ils réagissent de façon différente aux chocs qu'ils subissent, certains manifestant plus de capacité d'adaptation que d'autres. Les processus démocratiques qui gouvernent l'évolution des institutions et arrangements nationaux intériorisent différemment la logique du nouveau capitalisme global et peuvent, suivant les cas, déboucher plutôt sur des stratégies offensives, ou plutôt sur des attitudes défensives. Ils entraînent des choix collectifs correspondant à des valeurs et priorités diverses. Il en résulte des arbitrages différents, qui se traduisent par une divergence accrue des modèles sociaux européens.

Mais, dans le même temps, jamais les performances des différents modèles nationaux n'ont été à ce point comparées entre elles. La pratique devenue courante du « *benchmarking* », les travaux comparatifs des organisations internationales, les recherches académiques conduisent à soumettre en permanence les modèles sociaux nationaux au test de la performance comparée. C'est particulièrement le cas en Europe, par comparaison à la fois aux modèles des autres zones et entre pays européens. Comme l'ensemble de ces travaux a tendance, au moins à un moment donné, à converger vers des conclusions partagées, il en résulte une chasse aux spécificités nationales jugées, à cette aune, inefficaces, et des pressions pour des évolutions vers les dispositifs des systèmes étrangers jugés les plus performants.

Même en faisant la part d'un certain mimétisme conventionnel, voire superficiel, dans ces approches, elles ont cependant l'immense mérite de bousculer les conservatismes et d'ouvrir le débat sur des spécificités nationales aux conséquences discutables en termes d'efficacité ou d'équité.

UN SOCLE PARTAGÉ

Les modèles sociaux européens partagent des origines communes, liées à la longue histoire de la contribution européenne aux progrès de la civilisation. Ce socle partagé consiste en un ensemble de valeurs, d'objectifs collectifs, de dispositifs, que l'on retrouve, de façon variée, dans la plupart des pays d'Europe continentale et dont la spécificité est souvent plus évidente pour les non-Européens que pour les Européens eux-mêmes. Il a été forgé au cours d'un long cheminement historique qui a démarré il y a plusieurs siècles et s'est particulièrement affirmé depuis le XIXe siècle. Il concerne principalement :

– la protection des salariés au travail (hygiène, sécurité, protection contre les accidents, durée maximale, réglementation du travail des enfants et des femmes, repos hebdomadaire, congés) ;

– la protection sociale (accidents du travail, maladie, invalidité, vieillesse, chômage, maternité, quelquefois famille) ;

– la représentation des salariés et le droit à la négociation collective : rôle des syndicats, critères de représentativité, existence d'institutions de représentation élue du personnel, effets juridiques reconnus des accords passés dans le cadre de ces institutions et avec les syndicats.

La constitution de ce modèle social européen est bien antérieure à la construction communautaire. A dire vrai, ce modèle avait déjà atteint, dans sa diversité, un stade avancé de maturité dans les années cinquante et soixante, au moment où l'intégration européenne a démarré. La démarche communautaire est venue s'ajouter à ce modèle existant grâce aux réalisations de l'Europe sociale. Celle-ci est aujourd'hui une composante du modèle social européen, mais elle en est une composante très partielle. Il ne s'agit pas de minorer ce qu'ont été les apports de l'Europe sociale, d'abord à travers les décisions relatives à l'hygiène et à la sécurité, notamment sur le lieu de travail, ensuite à travers des textes importants qui ont marqué la vie communautaire en matière sociale (charte des droits sociaux fondamentaux de 1989, accord à onze sur la politique sociale joint au traité de Maastricht, traité d'Amsterdam, charte des droits fondamentaux proclamée à Nice), enfin dans la période récente à travers des dispositifs originaux comme le processus de Luxembourg ou la méthode ouverte de coordination appliquée à un certain nombre de domaines sociaux. Il reste cependant que les enjeux du modèle social européen sont beaucoup plus larges que ceux qui sont concernés par l'Europe sociale. Aujourd'hui, c'est encore principalement au niveau des Etats membres que se joue l'avenir du modèle social européen.

Remises en cause et permanences

Les modèles sociaux européens connaissent tous des difficultés : ils sont bousculés par les évolutions du monde et de la société. Le vieillissement entraîne déjà et continuera d'entraîner des coûts sociaux croissants. Il donne une importance désormais majeure aux transferts intergénérationnels, qui prennent une très grande ampleur et posent les problèmes d'équité en termes nouveaux. La mondialisation et le durcissement de la concurrence dans tous les domaines accentuent l'importance des questions de compétitivité des entreprises et mettent au premier plan les enjeux liés à l'attractivité des territoires. Les nouveaux concurrents des pays émergents, les tendances croissantes à la délocalisation, la montée de l'euro fragilisent de larges pans de l'industrie européenne et donc les compromis sociaux qui s'y étaient établis. L'instabilité des positions, l'individualisme croissant, les nouvelles approches de la justice et de la solidarité forcent à repenser les systèmes de protection afin d'améliorer la prise en compte de la revendication de liberté de choix individuelle.

Les valeurs et les objectifs qui ont été depuis l'origine ceux du modèle social européen restent cependant d'actualité. Ils distinguent favorablement les sociétés d'Europe continentale d'autres sociétés, plus dures, plus violentes ou plus contraignantes. La revendication de sécurité et de protection reste à la fois forte et totalement légitime, et elle n'est pas obligatoirement contradictoire avec la prise de risque. On peut même défendre le point de vue que l'existence de filets de sécurité favorise la prise de risque. L'objectif de solidarité et de redistribution reste souhaitable, et même plus souhaitable que jamais compte tenu des tendances spontanées à l'accentuation des inégalités, qui découlent notamment des changements techniques et de leurs conséquences sur les productivités, à condition qu'il puisse être atteint en accordant plus de place à la liberté de choix individuelle et à la récompense des efforts utiles à la collectivité. Une démocratie sociale vivante reste un complément utile à la démocratie politique. Elle permet de bénéficier de solutions plus proches du terrain, mieux adaptées, tenant mieux compte de la diversité des situations, et de bénéficier de la capacité de la société civile à trouver des espaces de compromis.

C'est par son génie à combiner démocratie, prospérité, protection et solidarité que le continent européen a historiquement contribué le plus aux progrès de la civilisation. Il l'a fait dans la diversité, de façon heurtée, avec des phases de régression et de conflit ; il le fait depuis soixante ans de façon apaisée et même, dans de nombreux domaines, coopérative.

Comment concilier la liberté individuelle de choix et la solidarité collective ?

Dans la lignée de l'œuvre canonique de Gosta Esping-Andersen, André Sapir a proposé en novembre 2005 une typologie intéressante des modèles sociaux européens. Les quatre modèles distingués (continental, nordique, anglo-saxon et méditerranéen) peuvent être définis à partir de critères nombreux. Mais, de façon spectaculaire, ils peuvent tout aussi aisément découler d'un simple positionnement des pays européens dans un espace à deux dimensions : le taux d'emploi et le taux de pauvreté, à la seule condition d'être prêt à fermer les yeux sur le caractère anglo-saxon du Portugal et nordique de l'Autriche. André Sapir en tire des conclusions normatives, très favorables au modèle nordique, qui combine efficacité et équité, très défavorables au modèle méditerranéen, qui allie inefficacité et inégalités, et mitigées sur les deux autres modèles, qui traduisent des arbitrages différents, dans le sens de l'efficacité pour le modèle anglo-saxon et dans celui de l'équité pour le modèle continental.

L'homogénéité est cependant très approximative au sein de chaque groupe dégagé par cette typologie. Les performances de l'Espagne et de l'Italie ont été sensiblement différentes au cours des années récentes, au bénéfice de la première. Quant à l'Allemagne, si elle est, tant pour André Sapir que pour Gosta Esping-Andersen, l'archétype du modèle social d'Europe continentale, il est clair qu'elle a consacré dans la période récente des efforts collectifs de très grande ampleur, qui se sont traduits par exemple par une stagnation de la consommation privée pendant cinq ans et par une profonde réorganisation du système productif, à améliorer son positionnement dans la concurrence mondiale. Cette stratégie vigoureuse de redressement s'est opérée dans un premier temps au détriment de ses partenaires de la zone euro, notamment de la France et de la Belgique, qui participent aussi du modèle continental. Mais peut-être le dynamisme retrouvé de l'Allemagne va-t-il maintenant apporter des compensations à ces mêmes pays, dont la prospérité n'est pas compatible avec une anémie allemande.

Dans les pays à modèle continental comme la France, s'exercent à la fois l'attraction du modèle nordique et, à un moindre degré, celle du modèle anglo-saxon.

C'est d'abord le cas en matière de conciliation entre la flexibilité, qui découle de la nécessité vitale pour les entreprises de pouvoir s'adapter aux fluctuations des marchés et des débouchés ainsi qu'aux changements techniques, et la revendication de sécurité pour les salariés, qui demeure aussi légitime et respectable qu'autrefois. Or, pour une partie de la main-d'œuvre, c'est aujourd'hui la précarité qui est la règle, même si d'autres parties de la main-d'œuvre bénéficient de plus de sécurité, du fait de protections statutaires, légales ou jurisprudentielles. En France, par exemple, pour cent personnes en emploi, on observe d'après l'Insee environ quarante entrées et sorties chaque année (y compris les changements d'établissement dans une même entreprise), concentrées sur 20 % des personnes, principalement les salariés jeunes du secteur privé. De tels mouvements correspondent pour certains à des opportunités, pour d'autres à des accidents ou interruptions de carrière. Les inégalités de revenus dépendent quelquefois autant des quotités de travail dans l'année que des différences de taux de rémunération. L'accès à l'emploi stable passe désormais, pour les jeunes pas ou peu qualifiés, par une longue période probatoire. L'instabilité de l'emploi s'accroît, surtout pour les entrants récents, ce qui n'est d'ailleurs pas contradictoire avec une ancienneté moyenne élevée dans l'emploi et plutôt croissante. Le sentiment d'insécurité professionnelle augmente encore plus largement que sa réalité, car il touche des catégories plus nombreuses. La recherche d'une nouvelle articulation entre flexibilité et sécurité est en cours, éclairée par les percées du modèle nordique, notamment danois, avec sa « flexicurité » devenue célèbre. Elle est soutenue par la Commission européenne et alimentée par les réflexions d'origines diverses autour de la « sécurité sociale professionnelle ». C'est un immense chantier qui s'est ouvert, visant à définir les changements à introduire dans le droit du travail, la protection sociale, la formation professionnelle, de façon à faciliter les transitions, organiser des droits individuels transférables garantis collectivement, offrir de nouvelles chances, moins pénaliser les « trous de carrière », bref, restaurer la sécurité, non plus dans un emploi donné, mais sur l'ensemble du parcours professionnel.

Parallèlement, les modèles nordique et anglo-saxon exercent aussi un attrait important parce qu'ils ont su mieux répondre à la revendication de liberté individuelle de choix. En effet, les dispositifs qui se sont mis en place en Europe, notamment depuis la dernière guerre, ont conduit à accroître beaucoup les garanties collectives données aux salariés. Cela correspondait à une forte revendication de leur part. Mais, en même temps, ces dispositifs ont été souvent rigides, uniformes, voire contraignants. En tout cas, c'est ainsi qu'ils sont perçus aujourd'hui par les personnes concernées, même si ces caractéristiques n'étaient probablement pas jugées négativement au moment de leur mise en place. D'où l'enjeu considérable qui consiste à trouver une articulation satisfaisante entre la revendication de liberté individuelle et les garanties collectives. On ne peut pas imaginer à l'avenir que les dispositifs de formation professionnelle, par exemple, ne laissent pas une place au choix du salarié lui-même. Dans un monde où le changement d'entreprise devient le sort commun, celle-ci ne peut plus être la référence dans les choix de formation. C'est au salarié qu'il revient de construire son parcours professionnel, c'est lui qui est le mieux placé pour savoir ce que sont les compétences qui lui seront utiles dans l'avenir. Il faut donc faire une place à son choix, tout en instaurant des procédures et des mécanismes qui garantissent collectivement à chaque individu ses droits à la formation professionnelle.

En matière de protection sociale aussi, il est indispensable, parce que c'est une revendication portée par les individus eux-mêmes, de faire une place accrue aux choix individuels. Ainsi, les choix en matière d'âge de cessation d'activité ou de quotité de travail en fin de carrière, qui étaient fortement contraints, évoluent afin de permettre une meilleure prise en compte par chaque individu de sa situation personnelle, de celle de son conjoint, de celle de ses enfants, de celle de son patrimoine, de celle de sa santé aussi bien sûr. Cela dépend notamment des barèmes qui sont appliqués, de leur proximité avec la « neutralité actuarielle », des dispositifs de décote et de surcote, ainsi que des seuils en matière d'âge minimal de liquidation et d'âge procurant l'accès automatique à la retraite à taux plein. La force du modèle nordique est d'avoir réussi à concilier la meilleure prise en compte de la liberté individuelle de choix avec le maintien de systèmes collectifs et solidaires.

UN RENOUVELLEMENT DOULOUREUX, GUIDÉ PAR L'ÉMULATION

Les évolutions des modèles sociaux européens sont nombreuses. Elles s'opèrent à la fois pour répondre aux changements externes (mondialisation, changements techniques, vieillissement….), pour améliorer les performances concurrentielles et pour répondre aux préférences collectives en matière sociale. On peut constater que les méthodes d'introduction de ces évolutions ont elles-mêmes connu des inflexions par rapport aux traditions économiques et sociales.

En Europe continentale, la redéfinition des principes et des modalités du contrat social passait usuellement par la négociation collective. Des concertations, des négociations, quelquefois des conflits précédaient les étapes directement politiques. A l'échelle de l'ensemble d'un pays, quand un parlement était amené à se prononcer, c'était en général pour valider des dispositifs auxquels les partenaires sociaux avaient déjà adhéré ou au moins consenti.

Depuis quelques années, on peut constater que les difficultés du dialogue social ont conduit les responsables politiques à devenir plus directifs et à prendre plus nettement leurs responsabilités, non seulement en France, en Allemagne, en Espagne ou en Italie, mais même en Scandinavie. Cela peut passer par une intervention directe du législateur, court-circuitant la négociation sociale, ou plus subtilement par une incitation à négocier articulée avec une volonté annoncée de légiférer.

Symétriquement, des tendances nouvelles jouent en sens inverse. Négativement, l'échec du CPE en France a traduit l'incapacité pour le gouvernement et le Parlement à convaincre qu'ils étaient légitimes dans leur expression de l'intérêt général face à des mouvements de contestation ; positivement, on voit se multiplier dans plusieurs pays européens, y compris au Royaume-Uni, en pointe sur ce sujet, les procédures de consultation préalable aux décisions et les débats « participatifs » visant à organiser l'expression des opinions et des intérêts les plus variés comme condition de la légitimité des décisions prises par les autorités publiques au nom de l'intérêt général.

Ces changements posent question aussi bien aux dirigeants politiques qu'aux partenaires sociaux. Pour les dirigeants politiques, il s'agit de savoir s'ils sont capables, sans renier pour autant leurs engagements électoraux, de profiter des espaces de compromis qu'offre la démocratie sociale ou participative, et de laisser respirer le dialogue entre les partenaires de la société civile, notamment les partenaires sociaux. Pour ceux-ci, les questions posées sont encore plus difficiles. D'une part, la question se pose de savoir s'ils sont bien armés pour prendre en compte les nouvelles revendications de liberté de choix individuelle alors que toute leur histoire les a conduits à raisonner en termes collectifs. Il leur est par ailleurs difficile de prendre en compte les intérêts et les aspirations des jeunes générations, *a fortiori* des générations futures, mais c'est aussi le cas pour les responsables politiques. D'autre part, en raison notamment du durcissement de la concurrence internationale et du vieillissement, le renouvellement des modèles sociaux européens peut inclure la réduction d'un certain nombre de droits considérés auparavant comme acquis, ce qui est évidemment une option difficile à envisager pour les organisations syndicales.

L'enjeu pour les modèles sociaux européens, c'est moins leur proximité que leur capacité à assurer les conditions de la prospérité tout en répondant aux préférences collectives en matière sociale, qui peuvent d'ailleurs différer d'un pays à l'autre. L'intégration européenne peut jouer un rôle dans ce mouvement, mais il restera marginal. Les conditions du succès reposent plutôt sur le bon équilibre entre les forces d'innovation et d'adaptation à l'œuvre dans les pays les plus audacieux et la capacité collective à évaluer les succès et les échecs des changements mis en œuvre pour opérer une sélection préalable à l'extension de ces changements à d'autres pays. C'est en réaffirmant la force de cette diversité que l'Europe trouvera sa place dans le capitalisme global. A cette aune, les défis sont nombreux.

2

Capitalisme global et diversité des sociétés : les défis européens

En exergue d'un article récent dans lequel il décrit l'irrésistible avancée d'un capital sans entraves, Martin Wolf cite cette phrase célèbre de Lionel Jospin : « Oui à l'économie de marché, non à la société de marché. » Pour l'Europe, et pour d'autres régions du monde, il s'agit de savoir si cette position est tenable, plus précisément si ces sociétés dont les préférences sociales et politiques divergent peuvent malgré tout autoriser un capitalisme mondialisé. La question qui se posait aux spécialistes et aux décideurs au début des années 90 était d'un tout autre ordre : à cette époque, on admettait que des formes différentes de capitalisme s'étaient développées aux Etats-Unis, en Allemagne (dans la région du Rhin), en France, au Japon et ailleurs, et que ces différences étaient destinées à durer. Partant de ces prémices, Michel Albert, en 1991, avait prévu, dans le sillage de la chute de l'Union soviétique, que le décor était posé pour qu'éclate la rivalité entre le capitalisme américain et le capitalisme allemand.

Mais, ces dix dernières années, l'Europe s'est ralliée au capitalisme global. En particulier, les Européens ne se sont pas servis du marché unique ou de l'euro pour préserver leurs traditions nationales ou pour nourrir une variété authentiquement européenne du capitalisme. Ils ont au contraire utilisé ces deux instruments pour en partie gommer les spécificités nationales et ouvrir leurs frontières à l'influence américaine. Cette stratégie diversement soutenue en Europe a été combattue au moyen d'un certain nombre de manœuvres d'arrière-garde pour y résister. Mais l'on aurait du mal à contester la réalité du résultat : il n'existe pas de modèle européen de capitalisme.

Les sociétés européennes ne se sont pour autant pas calées sur le modèle américain. Les modèles sociaux nationaux n'ont pas disparu ; les niveaux des dépenses publiques ne sont pas devenus plus homogènes d'une rive à l'autre de l'Atlantique, de la même façon que ceux de la tolérance aux inégalités n'y sont pas identiques. Contrairement à une perception assez répandue, l'élargissement de l'Union européenne n'a pas fondamentalement fait évoluer ces caractéristiques. On ne peut donc pas parler d'une société européenne. A partir de là, cette situation est-elle tenable et une société typiquement européenne peut-elle persister à l'ère du capitalisme global ? Si oui, dans quelles conditions ? Sinon, quels conflits entre le capitalisme global et les sociétés locales faut-il craindre ?

DÉPÉRISSEMENT DES FORMES EUROPÉENNES DE CAPITALISME

Il ne s'agit pas de savoir si des formes différentes de capitalisme peuvent exister durablement, la Chine, l'Inde, la Russie nous rappelant chaque jour la vigueur de modèles éloignés du capitalisme anglo-saxon. Il n'en reste pas moins deux questions. La première est de savoir ce qui fonde ces différences. La seconde, qui importe en termes de politique, est de savoir si ces différences peuvent survivre à un niveau global ou à un niveau régional. Les tenants de la variété des capitalismes soutiennent qu'elle provient des dissemblances de fonctionnement des marchés de capitaux au niveau de la propriété des entreprises et des structures de gouvernance, des sources de financement, des cadres de régulation et des relations entre l'Etat et les marchés. Les marchés de biens de production et de services, les marchés du travail sont eux aussi des éléments qui peuvent varier fortement d'un pays à un autre mais sont au fond moins déterminants. Pour être plus précis, les caractéristiques qui peuvent permettre de différencier plusieurs types de capitalisme sont les formes de propriété et de contrôle des entreprises, leurs modes de financement, le degré de concurrence sur les marchés de biens de production et de services et la régulation des entrées sur ces marchés, le rôle de l'Etat dans l'allocation des ressources.

Il ressort de tout cela que l'émergence d'un marché unique européen devait nécessairement entraîner d'importantes modifications et menacer, par l'intégration des marchés de capitaux qu'il impliquait, la survie des spécificités capitalistes nationales. On pouvait même soutenir que l'unification de la législation sur les marchés, notamment concernant les financements et les acquisitions des entreprises, et la politique européenne de la concurrence étaient précisément destinées à éliminer les différences, ce qu'elles ont fait en partie. Il reste évidemment des traces des temps anciens, surtout dans les secteurs encore principalement structurés au niveau national comme la banque ou l'énergie. Mais les références à des modèles français ou allemand de capitalisme ne sont plus aujourd'hui utilisées qu'à des fins normatives pour discréditer les manœuvres d'arrière-garde et la procrastination vis-à-vis du changement. Un seul exemple l'illustre : la déroute symbolique du gouverneur Fazio, qui a voulu défendre coûte que coûte *l'italianité* des banques de son pays.

Ce qui n'était pas évident pour autant, c'était de savoir si l'intégration européenne jouerait le rôle « d'abri » sous lequel une variété authentiquement européenne de capitalisme pourrait se développer et remplacer les anciennes formes nationales tout en restant différente de celui des Etats-Unis, ou si elle ne serait qu'un « sas de décompression » permettant l'ajustement progressif à la globalisation. Les plus chauds partisans du marché unique, comme Jacques Delors, pensaient certainement que son objectif principal était de préserver la spécificité du modèle européen. Pour preuve, l'ordre du jour économique de l'Europe au milieu des années 80 s'appuyait à la fois sur la libéralisation des marchés et sur une politique industrielle unifiée. Au lieu de choisir entre la liberté des marchés et une politique interventionniste, les fondateurs de l'Europe visaient une combinaison des deux. Les événements leur ont donné tort, l'Europe a adopté la globalisation et non pas la régionalisation. A cet égard, la mesure décisive a été l'ouverture financière des années 90, ainsi qu'il est stipulé dans le traité qui oblige les pays membres à s'ouvrir *erga omnes* et pas seulement aux autres pays membres de l'Union européenne. Cette décision est à l'origine d'une transformation radicale dans la structure financière des entreprises européennes et dans leur gouvernance.

D'autres décisions ont suivi dans cette direction. L'adoption de standards prudentiels communs sous l'égide du comité de Bâle animé par le BIS, a fait beaucoup pour éliminer les différences d'attitudes bancaires vis-à-vis du risque. Les standards de Bâle

II, adoptés en 2004, constituent une étape importante en tant qu'approche fondée sur le marché de l'évaluation des risques et constituent un grand pas en avant vers une convergence. Dans ce domaine, la stratégie européenne a consisté à adopter sans réserve un ensemble de règles élaborées par un comité international au lieu d'essayer d'établir les siennes propres. Au début des années 2000, l'adoption par l'Union européenne du système international de standards comptables a représenté une autre étape importante. Cette décision audacieuse a placé l'Union européenne à la tête des promoteurs de ces standards mondiaux (Véron 2007). En adoptant cette stratégie, l'Union européenne signifiait le refus des Européens d'adopter une version originale de capitalisme correspondant à leurs préférences. En fait, il est vraisemblable qu'il s'est agi là plus d'une incapacité que d'un refus : au lieu d'essayer de se mettre d'accord sur leurs propres normes, il était plus facile pour l'Union européenne d'adopter les standards élaborés par une instance internationale privée. Quelle que soit la raison, il n'y avait pas de moyen plus clair de signifier qu'il n'existait pas de forme européenne de capitalisme.

Conflit ou coexistence pacifique ?

Il s'agit maintenant de savoir quelles sont les implications de cette combinaison de capitalisme mondial et de sociétés locales. Le conflit est-il inévitable ? Est-il possible d'imaginer une coexistence pacifique des systèmes ? Si c'est le cas, le capitalisme global peut-il être européanisé ?

Avant d'entamer cette discussion, il est important de savoir que le tableau est plus nuancé que ne le suggère la description schématique que nous en avons faite. D'abord parce que l'Europe et les Etats-Unis ne sont plus les seuls champions de l'économie mondiale et que la montée en puissance des entreprises des pays émergents peut contribuer, au niveau mondial, à accroître la diversité des capitalismes. En deuxième lieu, les différentes formes de capitalisme ne sont pas nécessairement nationales. En fait, la montée en puissance du *private equity* est un signal fort de l'alternative aux entreprises nationales. Enfin, il est possible que les sociétés s'adaptent et convergent les unes vers les autres à long terme. Certaines réformes mises en place par plusieurs pays d'Europe sont révélatrices d'une évolution de ce type. Il n'est pas impossible que la durée du temps de travail augmente de nouveau en Europe, que les dépenses publiques et les impôts diminuent et que les marchés du travail se libéralisent. Quoi qu'il en soit, nous restons persuadés que les tensions entre le capitalisme global et les différentes formes de sociétés sont au cœur du débat.

Le fait de nuancer le tableau ou d'envisager une évolution à long terme susceptible d'annuler ces tensions représente à nos yeux une diversion plus qu'une réponse aux interrogations qu'elles soulèvent. Jeffry Frieden (2006) démontre que c'est la contradiction entre l'économie globale et les politiques nationales qui a été à l'origine de l'échec de la reconstruction de l'économie mondiale après la Première Guerre mondiale. Selon lui, « les décideurs économiques et politiques qui ont ignoré ou esquivé les coûts de la globalisation ont été désavoués par les peuples, les groupes et les pays qui ont subi de plein fouet la réalité de ces coûts. L'ancien régime n'a pas réussi à s'adapter aux nouvelles réalités économiques et politiques et s'est effondré ». Ceci doit nous rappeler que, quelle que soit la force apparente de l'intégration mondiale, les tensions inhérentes aux politiques nationales sont toujours présentes et peuvent remettre en question ce qui a été trop rapidement tenu pour acquis.

Deux grands débats sont aujourd'hui au cœur de ces tensions en Europe. Le premier concerne la nationalité des entreprises et la crainte que les fusions et les acquisitions ne mènent à la disparition des « champions nationaux ». La France s'est exprimée haut et fort sur ce point, mais l'Espagne et l'Italie y ont ajouté leur voix. La vigueur de ce débat est une réaction à la vitesse de transformation des entreprises européennes. Alors que les grandes entreprises européennes faisaient, il y a dix ans la moitié de leurs chiffres d'affaires sur leurs marchés nationaux, elles n'en font plus aujourd'hui qu'un tiers (Véron, 2006) et cette proportion ne pourra que diminuer au fur et à mesure de l'adaptation des entreprises à une économie mondiale en mutation rapide. Le processus aura nécessairement pour conséquence des fusions, la disparition de grandes marques nationales et la délocalisation de grands sièges sociaux. Les tenants des champions nationaux n'ont pas réussi à identifier les fondements économiques de leur résistance, au-delà de leur souhait purement mercantiliste de procéder à des acquisitions unilatérales.

L'autre débat concerne la gouvernance d'entreprise et il est plus vivace en Allemagne et aux Pays-Bas. Dans ces deux pays, il s'agit moins d'un débat sur la nationalité que sur les comportements des nouveaux actionnaires, qui ne se conforment pas à la tradition nationale et refusent les compromis traditionnels. C'est un débat plus profond que le précédent, qui concerne le conflit entre des préférences sociales, incarnées dans les modèles de gouvernance nationaux, implicites ou explicites, et les règles du capitalisme global. Dans la mesure où les sociétés continuent à privilégier certaines préférences sociales, il est légitime de se poser la question de savoir si ces préférences doivent correspondre aux méthodes de gestion des entreprises. Trois réponses à ce dilemme sont envisageables.

Il existe une première possibilité, qui consiste à confier la mise en œuvre des préférences nationales à des instances sociales extérieures aux entreprises. Cette solution existe, au moins partiellement, depuis longtemps : le paternalisme d'entreprise traditionnel a ainsi été remplacé par des contrats d'assurance. Cette externalisation doit être poursuivie. On peut également voir sous cet angle le débat européen actuel sur la flexisécurité, qui consiste à admettre que les entreprises ne peuvent plus assurer la sécurité de l'emploi et qu'il faut créer des institutions sociales susceptibles de fournir une autre forme de sécurité. Ce processus est plus avancé dans certaines sociétés européennes que dans d'autres et le fait que la population de ces pays redoute moins les effets de la globalisation n'est pas un hasard.

La deuxième possibilité consiste à « européaniser » les règles du capitalisme global. Cet objectif peut paraître ambitieux, mais l'Union européenne a plus de pouvoir qu'elle ne veut bien l'admettre. Elle a, dans une large mesure, renoncé à engendrer un capitalisme européen. Il lui revient donc aujourd'hui d'adapter à l'Europe les règles de la mondialisation dans le domaine de la responsabilité financière, le contrôle des banques ou des marchés financiers. L'Europe devrait avoir le courage d'engager ses partenaires à discuter des règles du capitalisme global, ainsi que l'Allemagne a commencé à le faire en réclamant la transparence des *hedge funds*. Actuellement et pour quelque temps encore, les Etats-Unis sont le seul acteur qui ait la capacité de modifier et d'adapter ces règles, car les puissances émergentes n'ont pas encore atteint le stade où elles pourront agir en tant que corégulateurs de l'économie mondiale. C'est une occasion à ne pas rater.

La troisième réponse pourrait être fournie par les acteurs privés, et non par les gouvernements. Les consommateurs et les investisseurs européens ont une influence considérable sur les marchés et peuvent s'en servir pour moduler le comportement des entreprises. La notion de responsabilité sociale des entreprises n'a pas le même sens sur les deux rives de l'Atlantique. Plus axée sur le droit des travailleurs en Europe, elle est plus soucieuse du droit des minorités aux Etats-Unis. Là aussi, il y a donc une différence de préférences. La capacité des entreprises à assumer les préférences sociales nationales ne doit pas être sous-estimée, il y va de leur réputation et de leur image. Il existe de nombreux exemples de compagnies ayant intégré des choix collectifs, par exemple dans le domaine de l'environnement ou des droits du travail.

CHAPITRE VIII

CHANGER LES RÉGULATIONS AVANT QU'IL NE SOIT TROP TARD

« Nous sommes en Europe les premiers à savoir que ce n'est pas parce que l'on converge sur la conception qu'on a de la gestion économique, financière et monétaire qu'il n'y a pas de risque de guerre et que l'on a éliminé tout risque géostratégique sérieux. C'est une donnée historique que nous devons toujours avoir présente à l'esprit. Dans l'analyse des risques que font les Banques centrales, il y a naturellement les risques économiques et financiers, il y a aussi la répercussion sur la situation économique et financière mondiale, continentale ou nationale des risques de type géostratégique. »

Jean-Claude TRICHET,
Banque centrale européenne.

La réforme de la régulation internationale est une autre piste décisive. Les institutions de Bretton Woods – FMI et Banque mondiale – ne répondent plus aux problématiques soulevées par le processus de mondialisation. Leur réforme doit permettre d'intégrer dans le cadre multilatéral les préoccupations des géants présents et à venir que sont notamment les BRIC. Une structure ou entité au-dessus de ces institutions – par exemple un L20 – pourrait être envisagée. L'encadrement juridique de la globalisation doit également permettre de pacifier les échanges économiques et financiers mondiaux : questions de la gratuité, de la protection de la propriété intellectuelle, de l'encadrement de la gouvernance des entreprises par des normes comptables et financières, des ratios internationaux de solvabilité des institutions financières.

1

Sept ans après Enron, le nouveau visage des capitalismes

Que décembre 2001 paraît loin ! Quand, brutalement – éclair d'orage dans un ciel uniformément bleu –, Enron, fleuron du capitalisme américain, classé quatre fois au cours des cinq années précédentes « entreprise américaine de l'année » par le magazine *Fortune*, se met sous la protection de la loi des faillites et révèle à ses petits actionnaires, à ses salariés et au reste du monde (anesthésié, par ailleurs, par le mirage Internet), plus de cinquante dérives par rapport au modèle archétypique de l'entreprise du XXIe siècle. On connaît la suite : 4 000 milliards de valeur boursière détruits dans le monde au cours des huit premiers mois de 2002, soit presque cinq fois plus que lors du krach de 1987, c'est-à-dire l'équivalent du PNB du Japon.

Sept ans après, il est temps de dresser un bilan des progrès qui ont été accomplis depuis cet avertissement salutaire en matière de gouvernance d'entreprise. Deux questions pour établir ce bilan. La première, la plus simple, concerne le « qu'a-t-on fait depuis ? ». La deuxième, plus générale et plus déterminante pour l'avenir, peut être formulée de la manière suivante : « Les capitalismes nationaux sont-ils en train de converger vers un modèle unique ou, au contraire, de s'enraciner dans leurs identités vernaculaires ? » De la réponse à cette deuxième question dépendent crucialement les réformes qu'appellent les réponses apportées à la première.

D'OÙ VENONS-NOUS ?

En sept ans, qu'a-t-on fait pour éviter que ne se multiplient et ne s'aggravent les dérives de la mondialisation ? Finalement, bien peu de choses. Et pourtant, le système continue à fonctionner. De la valeur a été créée plus qu'à aucune période de l'histoire du capitalisme. Au prix, certes, d'inégalités croissantes. Mais force est de constater que le bilan est « globalement positif ».

Si l'on essaie de prendre un peu de recul, il faut commencer par reconnaître que le lien micro-macro n'a jamais été aussi étroit qu'aujourd'hui. Les entreprises (au moins certaines d'entre elles), étant devenues mondiales à coups de rachats de concurrents, rivalisent avec les Etats et s'imbriquent chaque jour davantage dans les problématiques macroéconomiques. La gouvernance d'entreprise ne peut donc, moins que jamais, se limiter aux interrogations sur le rôle du conseil d'administration et sur l'objectivité supposée des « administrateurs indépendants ». Le temps des rapports Viénot et autres Bouton est désormais révolu. Jouant un rôle de plus en plus sociétal, les entreprises ne peuvent plus limiter leur vigilance aux seules considérations d'équilibre des pouvoirs internes. La période n'est plus à « ce qui est bon pour General Motors est bon pour le reste du monde » mais à « ce qui est bon pour le reste du monde est bon pour l'Oréal et Microsoft ». D'où la nécessité de s'interroger, à l'origine même de notre réflexion, sur ce qui a changé au cours de la période récente dans la gouvernance mondiale. Deux changements de fond me semblent dominer tous les autres. Tout d'abord, la crise des instances de régulation post-Bretton Woods. Qu'il s'agisse du FMI, de la Banque mondiale ou, dans un autre registre, de l'OMC, toutes ces institutions connaissent une crise à la fois de marché (en particulier le FMI), de périmètre d'action (en particulier l'OMC) et de gouvernance (en particulier la Banque mondiale). Jamais les moteurs de la mondialisation n'ont été si puissants et jamais les institutions régulatrices de cette mondialisation n'ont été aussi fragiles. Rien d'étonnant à ce que les dérapages se multiplient.

Par ailleurs, deuxième tendance de fond, l'équilibre mondial des pouvoirs économiques est en train de basculer. Les pays émergents, et, au cœur d'entre eux, les BRIC (Brésil, Russie, Inde et Chine), sont en train de passer de leur statut « d'armée industrielle de réserve » à celui de marchés et, surtout, à celui de concurrents. Concurrents pas seulement sur les industries *low tech* et sur leurs marchés nationaux, mais, de plus en plus, sur les technologies avancées et sur les marchés développés. Et, sur ces marchés, pas seulement en tant qu'exportateurs mais désormais, de plus en plus souvent, en tant qu'investisseurs. Il ne suffisait pas que l'équilibre de la balance des paiements américaine repose sur l'épargne des paysans chinois. Désormais le Dow Jones aussi bien que le CAC 40 se trouvent directement menacés. Il faut s'en convaincre : Mittal n'est que l'avant-garde de « l'année capitalistique de conquête » des pays émergents. Un seul chiffre : soixante-dix des cent premières entreprises des pays émergents ont déjà fait une acquisition à l'étranger. Et cela, avec la montée en puissance des fonds souverains, ne fait que commencer.

Ces mouvements de « tectonique des plaques économiques » ne peuvent pas ne pas avoir d'incidence sur la gouvernance des entreprises qui structurent aujourd'hui la mondialisation. Or, dans ce domaine que constate-t-on ? Des accès de fièvre de plus en plus fréquents et de moins en moins de prescriptions médicales. On croyait, au départ, les accès de fièvre limités au territoire américain. Il est vrai que la gouvernance d'entreprise y était particulièrement lâche. Du « tout ce qui n'est pas interdit est autorisé » issu de la *Common law* à l'organisation des professions de l'information financière, grosse de tous les conflits d'intérêt possibles et imaginables, le terreau des dysfonctionnements se révélait, dans ce pays, particulièrement riche au départ. Il est vrai aussi que la loi Sarbanes-Oxley, si elle a découragé de nombreuses entreprises de se faire coter à Wall Street, n'a pas empêché la reprise des turpitudes managériales sur de nouveaux territoires, comme en a récemment témoigné le scandale des *stock-options* antidatées.

Mais le virus H5N1 des dérives managériales ne s'est pas cantonné au territoire américain, comme le prédisaient en 2002 les bons esprits de ce côté de l'Atlantique. De Vivendi en Ahold et de Parmalat en EADS, ceux-ci ont dû déchanter. Les dérives comptables, financières et managériales n'étaient en rien un monopole anglo-saxon. Si « trop de marché peut tuer le marché », trop d'intermédiation bancaire peut le faire aussi bien. Face à de tels dysfonctionnements, nous étions en droit d'attendre une réaction salutaire. Il n'en fut rien, ou presque. Quels que soient les excès de Sarbanes-Oxley, on peut dire que les régulateurs américains ont, avec cette loi, frappé fort et ont, de ce fait, très sûrement, évité le pire. L'Europe moralisatrice n'a pas eu ce courage. L'examen, pour la France (qui n'est pas la dernière de la classe dans ce domaine), de la loi sur la Sécurité financière (2003) et de la loi

NRE (2005) montre que, dans ce registre, l'Europe s'est contentée d'établir le service minimum. Elle fait ainsi semblant de croire que l'automédication permet à la plupart des malades de se soigner. Ce qui est médicalement faux.

A cette apathie régulatrice répond (et les deux sont liés) « l'assourdissant silence » des investisseurs institutionnels (les célèbres « zinzins »). Qu'ils soient anglo-saxons ou européens (et demain chinois ?), ceux-ci détiennent collectivement plus de 50 % du capital des entreprises du CAC 40. Individuellement, pour ces investisseurs, deux stratégies s'opposent. Celle, largement majoritaire, du « Wall Street Walk », qui consiste à vendre les titres des entreprises dont on désapprouve la stratégie. Et celle, très minoritaire aujourd'hui, mais de plus en plus prisée (compte tenu de son efficacité boursière), de « l'activisme déstabilisateur » : il suffit de prendre quelques % du capital d'un Euronext ou d'un ABN-Amro, de contester le management, de provoquer ainsi une bataille boursière et de s'en aller, plus-values faites, quelques semaines plus tard. Cet activisme *one shot* a sûrement des mérites boursiers, peut-être des vertus disciplinaires, mais est-ce vraiment cela que l'on est en droit d'attendre de gestionnaires de l'épargne à long terme de nos futurs retraités ?

Ne soyons pas trop durs. Certains progrès ont été accomplis. Comme en témoignent la plupart des études, la participation aux AG augmente. Il en est de même du taux de contestation des résolutions présentées aux AG. Du côté des conseils d'administration, ceux-ci se féminisent (7 % des administrateurs du CAC 40) et font davantage appel à des administrateurs « indépendants » (46 %) ainsi qu'à des administrateurs étrangers (700 pour les 300 plus grandes entreprises cotées européennes). Mais cela ne doit pas faire illusion.

Car, à cela, s'ajoute une dernière régression en matière de gouvernance d'entreprise : la précarisation, et donc la « mercenarisation » des P-DG. Avec ceux-ci, le *deal* est de plus en plus souvent le suivant : « Ton pouvoir étant de plus en plus fragile, tes garanties financières doivent être de plus en plus solides. » Dit autrement : « Pouvant de plus en plus facilement mettre un terme à ton contrat sous la pression des actionnaires, je me dois de te protéger *ex ante*. » Les P-DG deviennent ainsi des « intermittents du spectacle financier ». Les « parachutes dorés » en plus...

Quelles conclusions – provisoires – tirer de ces évolutions ? Rien de bien réjouissant. Une régulation résolument « néo-impressionniste » (*i.e* pointilliste), des actionnaires « avisés », soit trop silencieux, soit trop bruyants, et des patrons « flexsécurisés », cela donne « un capitalisme de fuite en avant », qui ne s'amende que ponctuellement en appliquant les préceptes du *learning by doing wrong*. Mais, au fait, *le* capitalisme existe-t-il ? Les modèles nationaux se dissolvent-ils dans le grand bain acide de la mondialisation ? *That is another question.*

Où allons-nous ?

C'est définitif, il n'existe pas de schéma « idéal type » de gouvernance des capitalismes nationaux. Cela ne doit pas nous empêcher d'éclairer l'avenir en essayant de définir les invariants qui permettraient d'esquisser les voies et les moyens d'une meilleure gouvernance mondiale.

Mais avant cela, il faut savoir faire preuve de modestie et de curiosité. Deux grandes séries de questions doivent être posées pour éclairer les réformes que les dysfonctionnements récents de la mondialisation rendent indispensables. Ces questions ont donné lieu à trop peu de recherches et trop peu de débats. Elles peuvent être regroupées autour de deux thèmes majeurs. Concernant les moyens, faut-il privilégier la loi ou le contrat d'une part, l'autorégulation ou la régulation externe d'autre part ? Concernant les acteurs, quel doivent être les rôles respectifs de l'Etat, des ONG, des syndicats et des organismes internationaux ? Dernière question, et non des moindres : quelle doit être la place de l'Europe – si place il doit y avoir – dans cette nouvelle gouvernance ?

Ces questions posées, et sans même attendre les réponses, les lignes de force d'une gouvernance mondiale améliorée sont au nombre de quatre :

– La régulation. Ayant souligné l'apathie régulatrice en matière de gouvernance d'entreprise, il faut aller plus loin. Il faut souhaiter une « glocalisation » de la gouvernance, une gouvernance à la fois globale et locale. Au niveau global, « il n'y a pas photo » : sans une réforme de gouvernance des institutions internationales, les capitalismes, du Nord, mais plus encore du Sud, resteront sans repères précis. Au niveau local, il convient d'insister sur la nécessaire modernisation de la gouvernance des PME ou, dit autrement, des entreprises non cotées en Bourse. Car c'est là que portera durablement le poids économique dominant. Or ces entreprises n'ont pas les mêmes problèmes de gouvernance que les « stars » du CAC 40 ou du Dow Jones (transparence, *accountability*...).

– Les normes internationales. Dans le cadre de la dérégulation, de multiples chantiers de normalisation internationale ont été ouverts. Pour ne prendre que l'exemple des banques, celles-ci sont soumises à, au moins, deux « tsunamis » réglementaires : celui des normes comptables, avec l'IASB, et celui des normes prudentielles, avec Bâle II, auxquels s'ajoutent, pour les banques européennes, les normes de Bruxelles, qui rentrent dans le plus intime détail de l'activité bancaire (comme en témoigne le récent projet SEPA en matière de moyens de paiement). La durée de vie moyenne d'une norme internationale étant de plusieurs dizaines d'années (vingt ans pour les normes prudentielles bancaires), il paraît urgent de réfléchir plus avant aux conséquences de cette nouvelle vague normalisatrice sur la gouvernance des entreprises et des économies nationales.

– La dynamique actionnariale. Le développement des marchés financiers conduit inéluctablement à la fragilisation du capital des grandes entreprises. Ceci présente l'avantage de renforcer la discipline managériale, mais a aussi l'inconvénient de remettre en cause la nationalité des entreprises. Une réflexion doit donc être menée sur ce dernier thème. Ceci oblige à s'intéresser aux rôles respectifs du *private equity*, de l'épargne salariale, des investisseurs institutionnels (et en particulier des banques dans le nouveau cadre de Bâle II) et de certains organismes financiers spécialisés comme, en France, la Caisse des dépôts et le Fonds de réserve des retraites.

– La dynamique salariale. Sans aller jusqu'à questionner la pertinence du partage salaire-profit établi dans le cadre de la dérégulation mise en œuvre au début des années 80, une réflexion doit être menée sur le devenir de la valeur travail et, en particulier, sur le rôle à venir des syndicats. Si une nouvelle gouvernance mondiale doit être rendue opérationnelle, le rôle des corps intermédiaires se doit d'être précisé, et tout particulièrement celui des courroies de transmission (et de friction) entre le facteur capital et le facteur travail.

2

Le droit pour adoucir la guerre

Les économistes entretiennent une relation ancienne et difficile avec le droit. La théorie économique moderne reconnaît l'importance du droit de la propriété et du droit des contrats. Mais la plupart des économistes professionnels n'ont ni culture ni expérience juridique et sont en général soulagés de pouvoir ignorer cette dimension dans leurs travaux : *Law and Economics* est une discipline pour spécialistes. Pourtant les institutions, la régulation, la concurrence entre systèmes de droit sont au cœur des débats actuels de politique économique et financière, de régulation des conflits économiques internationaux.

Système juridique et croissance économique : y a-t-il un droit « efficace » ?

Jusqu'à une date récente, après les travaux fondateurs de Ronald Coase et avec l'essor de la théorie des contrats, la réflexion sur le droit et l'économie semblait circonscrite à la microéconomie. Ses champs d'application privilégiés étaient la théorie de l'entreprise, la concurrence et la propriété intellectuelle. Depuis une quinzaine d'année, la réflexion des économistes sur le droit s'est déployée de manière inattendue dans le champ macroéconomique. Les théoriciens de la croissance se sont soudain pris d'intérêt pour les institutions, comprises dans le sens introduit par Douglass North comme les « contraintes formelles et informelles qui pèsent sur les interactions économiques, politiques et sociales ». Pour un économiste, le droit est une institution, au même titre que le régime politique ou l'organisation du système éducatif.

Dans la littérature macroéconomique moderne, la qualité des systèmes juridiques et réglementaires, mesurée à travers des indicateurs empiriques sur la pertinence desquels on reviendra, est désormais considérée comme un des déterminants de la performance de croissance. La construction d'indicateurs de qualité des institutions est devenue une industrie.

Le Fonds monétaire international et la Banque mondiale ont repris cette approche à leur compte et confirmé l'existence d'un lien robuste entre la qualité des institutions des pays en développement et leur niveau de revenu. Selon le FMI (2003), le PIB par habitant du Cameroun passerait de 600 à

2 760 dollars par habitant si la qualité globale des institutions de ce pays rejoignait la moyenne mondiale. La bonne gouvernance diminuerait aussi la volatilité du revenu. En revanche, le lien entre institutions et vitesse de convergence est beaucoup moins clair empiriquement. D'ailleurs, nombre de pays en rattrapage rapide ont des institutions largement perfectibles : la Chine, le Vietnam, la Corée d'avant la crise de 1997 en sont des exemples.

Dans une contribution aussi influente que contestée, Rafael La Porta, Florencio López-de-Silanes, Andrei Shleifer et Robert Vishny (1999) ont analysé plus en détail l'influence du système juridique. Selon eux, les pays qui s'inscrivent dans une tradition de droit civil héritée de l'Europe continentale souffrent d'un Etat pesant, voire spoliateur, d'une réglementation qui fait obstacle à l'initiative économique et, en général, d'institutions moins flexibles – toutes caractéristiques qui conduisent à un développement moins rapide. Au contraire, les anciennes colonies britanniques qui ont hérité d'une *Common law* fondée sur la jurisprudence bénéficient d'institutions plus flexibles et d'une meilleure protection des droits de propriété. C'est la théorie de l'origine légale (*Legal Origins*) modélisée mathématiquement par Edward Glaser et Andrei Shleifer (2002) et que ses thuriféraires font remonter aux situations respectives de la France (décentralisée et séditieuse) et de l'Angleterre (calme et industrieuse) aux XIIᵉ et XIIIᵉ siècles.

La théorie s'applique au financement des entreprises : en l'absence de sécurité des contrats, le droit civil rendrait nécessaire la finance intermédiée, tandis que la *Common law* accompagnerait mieux le développement de la finance de marché et protégerait mieux les intérêts des actionnaires minoritaires (La Porta *et al.*, 1998).

Récemment, le débat s'est cristallisé autour du rapport *Doing Business* publié chaque année par la Banque mondiale, qui mesure la qualité de l'environnement économique dans cent soixante-quinze pays. La France n'y apparaît pas à son avantage : si elle est distinguée en 2006 comme l'un des dix *best reformers*, c'est parce qu'elle est passée… de la 47e à la 35e place. Il ne faut pas s'étonner que la méthodologie de la Banque mondiale ait été vivement dénoncée en France, avec une contre-attaque : la mise en place, soutenue par le gouvernement et les professions juridiques de la place, d'un programme de recherche « Attractivité économique du droit ».

On reproche souvent à la théorie de l'origine légale et plus généralement à l'approche de la Banque mondiale de participer d'une approche partielle du droit, centrée sur l'efficacité des marchés et même sur l'intérêt étroit des entrepreneurs, alors que « la première conception [française] fait du cadre juridique l'expression de la volonté générale et un facteur de garantie, voire de compensation d'un déséquilibre » (du Marais, 2006). Mais, d'une part, on peut difficilement reprocher aux économistes, dont c'est le métier, de privilégier l'efficacité, et d'autre part, la conception « française » n'est en rien incompatible avec la théorie économique, à condition d'inclure dans les critères d'efficacité juridique non seulement la protection des droits de propriété mais aussi l'ensemble des infrastructures juridiques qui permettent le bon fonctionnement de l'économie.

Où en sommes-nous aujourd'hui ? Le débat sur l'efficacité économique des systèmes de droit a perdu beaucoup de sa vigueur. Il y a plusieurs raisons à cela. La validation empirique des théories de La Porta *et al.*, initialement séduisantes, est contestée. En contrepoint à la rigidité du droit civil, le coût de la *Common law* est mis en avant : selon le *Council of Economic Advisers* (2004), le système judiciaire civil américain aurait coûté 233,4 milliards de dollars, soit 2,2 % du PIB américain en 2002. L'existence d'une interaction complexe entre les institutions, la géographie et les déterminants traditionnels de la croissance de long terme, comme le taux d'épargne ou l'éducation, est reconnue. D'autres explications que l'origine légale sont avancées pour expliquer la qualité des institutions, comme la nature de la colonisation des pays du Sud, durable ou prédatrice selon les pays. L'examen pratique des stratégies de croissance qui « marchent » révèle nécessairement une réalité complexe. La Chine et l'Inde ont développé des modèles institutionnels singuliers qui ne sont pas réductibles au droit civil ou à la *Common law*. Et il y a loin des textes légaux à la réalité du terrain : comme l'a noté Dani Rodrik, la protection des droits de propriété et l'indépendance de la justice sont mieux codifiées en Russie qu'en Chine, mais c'est en Chine que les investisseurs internationaux se sentent le mieux protégés.

Tout cela importe-t-il pour les acteurs de terrain ? Aucune entreprise ne prend ses décisions d'implantation en fonction d'indicateurs agrégés comme ceux de *Doing Business*. Le classement ne joue même pas de rôle dans la conditionnalité des prêts de la Banque mondiale : les interventions de l'AID prennent en compte un autre indicateur de gouvernance, le CPIA ou *Country Policy and Institutional Assessment*, qui classe les pays bénéficiaires sur une échelle de 1 à 6 et qui est rendu public depuis 2005. D'autres classements plus microéconomiques, donc proches des préoccupations des entreprises, ont un écho médiatique important, comme l'indice de perception de la corruption de l'association *Transparency International* (qui classe la France au 18e rang mondial avec une note de 7,4/10). Comme les indicateurs de compétitivité des nations que publient le Forum économique mondial et l'*Institute for Management Development* de Lausanne, ces classements qui reposent sur des enquêtes d'opinion présentent cependant l'inconvénient d'être très subjectifs.

LES SYSTÈMES JURIDIQUES DANS LA MONDIALISATION : L'EXEMPLE DU SECTEUR FINANCIER

La manière dont le débat s'est développé autour de *Doing Business* renvoie implicitement à un modèle de concurrence entre systèmes juridiques. On ne demande plus au droit d'être efficace mais aussi d'être compétitif dans la concurrence mondiale. Est-ce si simple ? Quand bien même on accepterait le présupposé d'une concurrence entre nations, les forces mises en jeu par la mondialisation ne sont-elles pas plus complexes ?

Un « laboratoire » intéressant pour tester les forces à l'œuvre est le secteur financier. A cause de son importance systémique dans l'économie et de la rapidité à laquelle il évolue, il est soumis à des réglementations nombreuses, complexes et évolutives. A cause du nombre et de la taille des transactions qu'il traite quotidiennement, il est plus sensible que tout autre à la qualité du droit des contrats. Et dans un monde où l'épargne est mobile, les marchés financiers sont des marchés mondiaux.

Les Etats expriment des préoccupations croissantes quant aux moyens de garantir ou renforcer la stabilité d'un système financier globalisé. Les organismes internationaux (FMI, Banque mondiale, Banque des règlements internationaux, Commission européenne) produisent des normes et des codes visant à réglementer l'environnement institutionnel dans lequel les politiques économiques et financières sont conçues et mises en œuvre. Dans l'ensemble, ces normes peuvent être rattachées à l'un des trois objectifs suivants :

– accroître la transparence des politiques monétaire, budgétaire et financière ;

– garantir l'efficacité du contrôle prudentiel des banques, des sociétés d'assurances, des systèmes de paiement, des valeurs mobilières, ainsi que la lutte contre le blanchiment des capitaux et le financement du terrorisme ;

– assurer l'intégrité des marchés, sous l'angle de la gouvernance d'entreprise, de la comptabilité, de l'audit et de la protection des créanciers.

Que voit-on en pratique ? On retrouve bien une concurrence réglementaire, composante importante de l'attractivité des places financières. En 2005, selon une enquête de la *Corporation of London*, la qualité de l'environnement réglementaire était considérée comme le deuxième facteur de compétitivité pour une place financière, juste après la présence de ressources humaines qualifiées. Même en Europe, où les règles sont en principe uniques et organisées par les directives, les Etats membres ont une grande latitude pour décider des modalités pratiques. On gère l'épargne italienne depuis Dublin sous fiscalité luxembourgeoise. Cette concurrence est suspectée de conduire au « moins-disant ». Est-ce si sûr ? La place financière dominante, celle de Londres, n'est pas celle qui a la plus mauvaise réglementation. Mais on voit aussi une convergence réglementaire qui accompagne « par le haut » des objectifs politiques d'intégration ou qui est imposée « par le bas » par le marché sous la pression d'acteurs – banques, Bourses, infrastructures, gestionnaires d'actifs, fonds de pension – devenus globaux.

Un exemple emblématique est celui des normes comptables. Depuis leur adoption par l'Union européenne, les IFRS ont connu une progression fulgurante et sont devenues la référence de la plupart des pays du monde à l'exception des Etats-Unis (le principe d'une convergence à terme entre IFRS et US GAAP étant par ailleurs acquis). Ceci fait réfléchir sur le processus de production des normes. La décision de l'Union européenne de confier à un comité émanant du secteur privé, l'IASB, la production de ses normes comptables est véritablement révolutionnaire. Faire confiance au marché pour produire la régulation : est-ce la reconnaissance d'une certaine impuissance des systèmes juridiques à accompagner une réalité économique devenue trop complexe, ou qui avance trop vite ?

Enfin, on observe aussi ce qu'on pourrait appeler des « dissonances réglementaires » quand les frontières du droit ne correspondent pas à celles des entreprises et des marchés. Un exemple récent est celui de la fusion NYSE-Euronext, qui a soulevé des craintes de débordement de la réglementation américaine (loi Sarbanes-Oxley) sur les marchés européens, si bien qu'Euronext se présente volontiers aux émetteurs internationaux comme un « NYSE sans Sarbanes-Oxley ».

Finalement, le droit n'échappe pas aux forces économiques qu'il prétend organiser. La tension entre forces de concurrence et forces de convergence, typique de l'économie géographique, gouverne la production des normes comme la production des biens et des services. Il est difficile de prévoir lesquelles auront le dessus.

3

Les enjeux d'une gouvernance mondiale rénovée

Nous avons tenté tout au long de cet ouvrage de comprendre pourquoi une guerre des capitalismes aurait lieu. Est-il déjà trop tard pour l'éviter ? Quoi qu'il advienne, l'attentisme et la passivité ne permettront pas d'accompagner sereinement la montée en puissance des pays émergents, de renforcer l'homogénéité des règles de gouvernance des entreprises, ou encore de définir un cadre spécifique d'intervention des fonds souverains sur les marchés de capitaux internationaux. Les rapports de force constituent en eux-mêmes un mode de régulation des conflits économiques ; la crise du gaz entre la Russie et l'Union européenne qui a eu lieu en plein hiver 2005-2006 l'a bien montré. Ils ne permettront pas de pacifier durablement la cohabitation de capitalismes aussi dissemblables que peuvent l'être le capitalisme américain et les capitalismes chinois ou russe. C'est pourquoi nous appelons à une réforme de la gouvernance mondiale. Cette dernière doit prendre acte des réalités du XXIe siècle avant qu'il ne soit trop tard. Soyons réalistes : c'est la pérennité de la mondialisation comme système économique international ouvert qui se joue aujourd'hui.

Vers la reconnaissance mutuelle des diversités

Les tensions sociales liées à la mondialisation, les bouleversements à l'œuvre des hiérarchies des puissances économiques, les besoins d'action collective non satisfaits, à la fois invitent à davantage de prudence, et suggèrent que les politiques nationales et internationales auront un rôle majeur à jouer dans la consolidation de ce système. En effet, la mondialisation expose les différentes sociétés les unes aux autres. C'est le principe même de l'interdépendance, génératrice à la fois de tensions et de coopération. Contrairement aux précédents historiques, les intérêts vitaux des grands ensembles mondiaux ne sont pas en effet en ce début de XXIe siècle en contradiction, ils sont même souvent concordants : l'interdépendance commerciale et financière entre la Chine et les Etats-Unis en est une illustration spectaculaire.

L'enjeu d'une réforme de la gouvernance mondiale, c'est-à-dire de l'ensemble des institutions, règles et pratiques qui régissent l'action collective entre les différents pays, consiste à gérer au mieux cette relation, de façon à ce que l'interaction soit source d'enrichissement à la fois humain et matériel et que les inévitables tensions ne se transforment pas en conflits mal contenus. Cette réforme est indispensable car nous sommes passés d'un monde de certitudes (la « fin de l'Histoire ») où la coordination des politiques économiques, fondée sur des principes communs, était censée gérer l'interdépendance économique internationale, à un monde dans lequel, d'une part, il y a des problèmes communs nécessitant une action collective mondiale (lutte contre le réchauffement climatique ou protection de la biodiversité, par exemple) et dans lequel, d'autre part, on retrouve la spécificité locale des problèmes et des solutions. Les institutions mises en place après la Seconde Guerre mondiale et l'illusion de solutions globales paraissent bien peu adaptées à cette nouvelle situation. Autrement dit, l'illusion de solutions globales fait place au réalisme du sur-mesure, mais ce dernier ne résout pas les problèmes globaux.

La théorie économique accorde au demeurant une valeur certaine à la diversité. Ainsi les gains du commerce international et de la mondialisation proviennent fondamentalement de l'exploitation de la diversité des sociétés. C'est parce que les autres sociétés ne se comportent pas comme la nôtre qu'il est intéressant de répartir autrement l'effort productif et d'autoriser l'échange. Au-delà des raisonnements économiques, la mondialisation enrichit les sociétés par leur confrontation mutuelle. L'expérience du XXe siècle suggère que l'autarcie ne permet pas aux sociétés de prospérer et n'est donc pas plus propice que l'ouverture au maintien de la diversité. La reconnaissance et la culture de la diversité sont les premiers pas d'une gouvernance mondiale rénovée.

LE XXe SIÈCLE EST MORT, VIVE LE XXIe SIÈCLE !

L'essor de l'économie de marché et d'un système commercial multilatéral ouvert dans la seconde moitié du XXe siècle est de ce point de vue un « moment » de l'Histoire, s'inscrivant dans le cadre du système politique de la guerre froide, et dont la pérennité n'est pas garantie. Il suffit de regarder les prévisions qu'avance, par exemple, Robert Fogel pour entretenir quelques doutes sur la pérennité et l'universalité d'un système international qui reste marqué par la culture et les institutions « occidentales ». En projetant les tendances actuelles, sur la base d'un raisonnement argumenté sur les hypothèses retenues, Fogel estime que le poids économique des Etats-Unis et de l'Europe passera de 22 % et 21 % respectivement en 2000 à 14 % et 5 % en 2040, tandis que celui de la Chine passerait de 11 % à 40 % et celui de l'Inde de 5 % à 12 %. Les six « dragons » d'Asie verraient quant à eux leur poids doubler, de 6 % à 12 %. La fin de la guerre froide et la montée en puissance des économies émergentes interdisent ainsi de concevoir l'avenir de la planète comme un prolongement de l'après-guerre : un ordre économique international juste, c'est d'abord un état du monde où chacun est reconnu à sa juste place.

Un constat simple et largement partagé s'impose à cet égard : les institutions internationales, pour la plupart issues de l'après-guerre ou des années 70, ont rendu d'immenses services à l'économie mondiale mais elles ont vieilli, et souvent, elles ont mal vieilli. Le G7-G8, les institutions financières nées des accords de Bretton-Woods, la partie économique de l'ONU, les accords commerciaux – pour lesquels la création de l'OMC a constitué un pas en avant remarquable – l'OCDE ont pour l'essentiel perdu leur *momentum*. Certains peuvent être tentés de tout remettre à plat, c'est illusoire ; au surplus, le coût nécessaire pour construire des institutions nouvelles est gigantesque. Il est bien préférable de travailler avec celles que nous avons mais le système mérite une réforme sérieuse. Or, ce sur quoi l'on bute aujourd'hui, ce n'est pas la difficulté à élaborer un bon compromis technique, ce qui est en jeu fondamentalement, ce sont des questions de légitimité et de pouvoir, comme le démontre la question des sièges au FMI (puisqu'elle met directement en jeu des intérêts nationaux essentiels) ou, sur un autre registre, le blocage des négociations commerciales de Doha. Conformément à la théorie « réaliste » des relations internationales, la question du pouvoir est, comme toujours, l'enjeu politique fondamental entre Etats.

UN ORDRE ÉCONOMIQUE INTERNATIONAL JUSTE

Il s'agit de recomposer la base géopolitique des institutions économiques. Les institutions existantes doivent rester le cœur du système, mais leur réforme impose des remises en ordre de grande ampleur qui dépassent le cadre des responsabilités techniques sectorielles. Recréer les mécanismes d'une bonne gouvernance de l'économie mondiale ne peut provenir que d'une impulsion politique au sommet, c'est le champ de la diplomatie économique, une diplomatie dont nous n'avons, avec les réunions du G7-G8, encore connu que les rudiments. L'idée d'un remplacement du format G7-G8 par un cénacle plus ouvert, le Leaders-20, ou L20, réunissant les chefs d'Etat et de gouvernement des principales économies de la planète pourrait être une alternance crédible. On peut bien sûr discuter du format le meilleur, qui permette d'associer aux pays les plus avancés les grands pays émergents, et de mettre en place des éléments de gouvernance plus représentatifs des nouveaux équilibres mondiaux : vingt participants, ou quinze, ou treize comme l'a récemment proposé le président Sarkozy.

D'un point de vue systémique, si les intérêts vitaux des Etats sont en jeu, c'est bien au niveau des chefs d'Etat que se situent les responsabilités ultimes : c'est là que peuvent être données les impulsions, contrôlés les progrès, noués les compromis les plus délicats. Cette expérience existe, en matière politique et stratégique, c'est le Conseil de sécurité où cette relation prend une forme organisationnelle. La diplomatie économique a besoin d'un organe similaire : un conseil économique qui exercerait les responsabilités le plus directement politiques concernant la gouvernance des institutions économiques spécialisées (entendu au sens large). Contrairement au Conseil de sécurité actuel dont les responsabilités sont le plus visibles en période de crise, ce conseil économique aurait pour fonction première de fixer les orientations stratégiques (par exemple comme on l'a dit pour fixer un cadre et un échéancier à la réforme des institutions) mais pas de se substituer aux institutions spécialisées en cas de crise, qu'il s'agisse d'une crise financière ou d'une épidémie planétaire. A ce conseil seraient en effet rattachées les formations spécialisées au niveau des ministres, Finances, Commerce, Environnement, Santé, qui forment en temps usuel une sorte de conseil de surveillance des institutions et, en temps de crise, l'organe exerçant les responsabilités politiques.

La solution proposée ici, visant à renforcer très sérieusement les compétences et le rôle économique de l'ONU, a l'avantage d'éviter la fuite en avant dans une « inflation » institutionnelle débridée qui consisterait à multiplier les institutions spécialisées sans trop de cohérence et de coordination entre elles. Elle doit, pour concilier efficacité et transparence, s'accompagner d'un système de « responsabilité » (*accountability*) proportionné aux compétences économiques et financières exercées. Ce conseil économique ne créera pas *ipso facto* un espace ni une légitimité pour de nouvelles réglementations internationales. En pratique, les normes juridiques de la vie économique, financière et sociale vont continuer à relever des décisions nationales plus ou moins bien coordonnées et aussi, pour nous, Européens, des décisions communautaires.

L'Europe, justement, pourrait et devrait être au cœur de cette dynamique, comme nous l'avons déjà évoqué. Elle ne sera cependant en mesure de faire partager par ses principaux partenaires (Etats-Unis, Japon, grands pays émergents...) ses ambitions en matière de gouvernance mondiale que si, préalablement ou au moins parallèlement, elle démontre sa capacité à améliorer de manière significative sa propre gouvernance économique et politique. Sous cet angle, la ratification rapide par les pays membres de l'UE du projet de traité simplifié est une étape nécessaire et utile. Elle ne suffira pas, et le traité simplifié, qui ne fait guère progresser les aspects économiques de la gouvernance européenne, devra être suivi d'autres ambitions et d'autres progrès dans cette gouvernance de l'Europe.

Table

CHAPITRE III

LE CAPITALISME FINANCIER EN QUÊTE DE CONVERGENCES

CHAPITRE IV

LA BATAILLE DU CAPITAL

CHAPITRE V

DE NOUVEAUX ACTEURS MÈNENT LE JEU

CHAPITRE VI

UN MONDE EN LUTTE POUR LES RESSOURCES RARES

CHAPITRE VII

L'EUROPE AU CŒUR DU NOUVEAU CAPITALISME

CHAPITRE VIII

CHANGER LES RÉGULATIONS AVANT QU'IL NE SOIT TROP TARD

collection tempus
Perrin

DÉJÀ PARU

1. *Histoire des femmes en Occident* (dir. Michelle Perrot, Georges Duby), *L'Antiquité* (dir. Pauline Schmitt Pantel).
2. *Histoire des femmes en Occident* (dir. Michelle Perrot, Georges Duby), *Le Moyen Âge* (dir. Christiane Klapisch-Zuber).
3. *Histoire des femmes en Occident* (dir. Michelle Perrot, Georges Duby), *XVI*[e]*-XVIII*[e] *siècle* (dir. Natalie Zemon Davis, Arlette Farge).
4. *Histoire des femmes en Occident* (dir. Michelle Perrot, Georges Duby), *Le XIX*[e] *siècle* (dir. Michelle Perrot, Geneviève Fraisse).
5. *Histoire des femmes en Occident* (dir. Michelle Perrot, Georges Duby), *Le XX*[e] *siècle* (dir. Françoise Thébaud).
6. *L'épopée des croisades* – René Grousset.
7. *La bataille d'Alger* – Pierre Pellissier.
8. *Louis XIV* – Jean-Christian Petitfils.
9. *Les soldats de la Grande Armée* – Jean-Claude Damamme.
10. *Histoire de la Milice* – Pierre Giolitto.
11. *La régression démocratique* – Alain-Gérard Slama.
12. *La première croisade* – Jacques Heers.
13. *Histoire de l'armée française* – Philippe Masson.
14. *Histoire de Byzance* – John Julius Norwich.
15. *Les Chevaliers teutoniques* – Henry Bogdan.
16. *Mémoires, Les champs de braises* – Hélie de Saint Marc.
17. *Histoire des cathares* – Michel Roquebert.
18. *Franco* – Bartolomé Bennassar.
19. *Trois tentations dans l'Église* – Alain Besançon.
20. *Le monde d'Homère* – Pierre Vidal-Naquet.
21. *La guerre à l'Est* – August von Kageneck.
22. *Histoire du gaullisme* – Serge Berstein.
23. *Les Cent-Jours* – Dominique de Villepin.
24. *Nouvelle histoire de la France*, tome I – Jacques Marseille.
25. *Nouvelle histoire de la France*, tome II – Jacques Marseille.
26. *Histoire de la Restauration* – Emmanuel de Waresquiel et Benoît Yvert.
27. *La Grande Guerre des Français* – Jean-Baptiste Duroselle.
28. *Histoire de l'Italie* – Catherine Brice.
29. *La civilisation de l'Europe à la Renaissance* – John Hale.
30. *Histoire du Consulat et de l'Empire* – Jacques-Olivier Boudon.
31. *Les Templiers* – Laurent Daillez.
32. *Madame de Pompadour* – Évelyne Lever.
33. *La guerre en Indochine* – Georges Fleury.

34. *De Gaulle et Churchill* – François Kersaudy.
35. *Le passé d'une discorde* – Michel Abitbol.
36. *Louis XV* – François Bluche.
37. *Histoire de Vichy* – Jean-Paul Cointet.
38. *La bataille de Waterloo* – Jean-Claude Damamme.
39. *Pour comprendre la guerre d'Algérie* – Jacques Duquesne.
40. *Louis XI* – Jacques Heers.
41. *La bête du Gévaudan* – Michel Louis.
42. *Histoire de Versailles* – Jean-François Solnon.
43. *Voyager au Moyen Âge* – Jean Verdon.
44. *La Belle Époque* – Michel Winock.
45. *Les manuscrits de la mer Morte* – Michael Wise, Martin Abegg Jr. & Edward Cook.
46. *Histoire de l'éducation,* tome I – Michel Rouche.
47. *Histoire de l'éducation,* tome II – François Lebrun, Marc Venard, Jean Quéniart.
48. *Les derniers jours de Hitler* – Joachim Fest.
49. *Zita impératrice courage* – Jean Sévillia.
50. *Histoire de l'Allemagne* – Henry Bogdan.
51. *Lieutenant de panzers* – August von Kageneck.
52. *Les hommes de Dien Bien Phu* – Roger Bruge.
53. *Histoire des Français venus d'ailleurs* – Vincent Viet.
54. *La France qui tombe* – Nicolas Baverez.
55. *Histoire du climat* – Pascal Acot.
56. *Charles Quint* – Philippe Erlanger.
57. *Le terrorisme intellectuel* – Jean Sévillia.
58. *La place des bonnes* – Anne Martin-Fugier.
59. *Les grands jours de l'Europe* – Jean-Michel Gaillard.
60. *Georges Pompidou* – Éric Roussel.
61. *Les États-Unis d'aujourd'hui* – André Kaspi.
62. *Le masque de fer* – Jean-Christian Petitfils.
63. *Le voyage d'Italie* – Dominique Fernandez.
64. *1789, l'année sans pareille* – Michel Winock.
65. *Les Français du Jour J* – Georges Fleury.
66. *Padre Pio* – Yves Chiron.
67. *Naissance et mort des Empires.*
68. *Vichy 1940-1944* – Jean-Pierre Azéma, Olivier Wieviorka.
69. *L'Arabie Saoudite en guerre* – Antoine Basbous.
70. *Histoire de l'éducation,* tome III – Françoise Mayeur.
71. *Histoire de l'éducation,* tome IV – Antoine Prost.
72. *La bataille de la Marne* – Pierre Miquel.
73. *Les intellectuels en France* – Pascal Ory, Jean-François Sirinelli.
74. *Dictionnaire des pharaons* – Pascal Vernus, Jean Yoyotte.
75. *La Révolution américaine* – Bernard Cottret.
76. *Voyage dans l'Égypte des Pharaons* – Christian Jacq.

77. *Histoire de la Grande-Bretagne* – Roland Marx, Philippe Chassaigne.
78. *Histoire de la Hongrie* – Miklós Molnar.
79. *Chateaubriand* – Ghislain de Diesbach.
80. *La Libération de la France* – André Kaspi.
81. *L'empire des Plantagenêt* – Martin Aurell.
82. *La Révolution française* – Jean-Paul Bertaud.
83. *Les Vikings* – Régis Boyer.
84. *Examen de conscience* – August von Kageneck.
85. *1905, la séparation des Églises et de l'État.*
86. *Les femmes cathares* – Anne Brenon.
87. *L'Espagne musulmane* – André Clot.
88. *Verdi et son temps* – Pierre Milza.
89. *Sartre* – Denis Bertholet.
90. *L'avorton de Dieu* – Alain Decaux.
91. *La guerre des deux France* – Jacques Marseille.
92. *Honoré d'Estienne d'Orves* – Étienne de Montety.
93. *Gilles de Rais* – Jacques Heers.
94. *Laurent le Magnifique* – Jack Lang.
95. *Histoire de Venise* – Alvise Zorzi.
96. *Le malheur du siècle* – Alain Besançon.
97. *Fouquet* – Jean-Christian Petitfils.
98. *Sissi, impératrice d'Autriche* – Jean des Cars.
99. *Histoire des Tchèques et des Slovaques* – Antoine Marès.
100. *Marie Curie* – Laurent Lemire.
101. *Histoire des Espagnols,* tome I – Bartolomé Bennassar.
102. *Pie XII et la Seconde Guerre mondiale* – Pierre Blet.
103. *Histoire de Rome,* tome I – Marcel Le Glay.
104. *Histoire de Rome,* tome II – Marcel Le Glay.
105. *L'État bourguignon 1363-1477* – Bertrand Schnerb.
106. *L'Impératrice Joséphine* – Françoise Wagener.
107. *Histoire des Habsbourg* – Henry Bogdan.
108. *La Première Guerre mondiale* – John Keegan.
109. *Marguerite de Valois* – Éliane Viennot.
110. *La Bible arrachée aux sables* – Werner Keller.
111. *Le grand gaspillage* – Jacques Marseille.
112. *« Si je reviens comme je l'espère » : lettres du front et de l'Arrière, 1914-1918* – Marthe, Joseph, Lucien et Marcel Papillon.
113. *Le communisme* – Marc Lazar.
114. *La guerre et le vin* – Donald et Petie Kladstrup.
115. *Les chrétiens d'Allah* – Lucile et Bartolomé Bennassar.
116. *L'Égypte de Bonaparte* – Jean-Joël Brégeon.
117. *Les empires nomades* – Gérard Chaliand.
118. *La guerre de Trente Ans* – Henry Bogdan.
119. *La bataille de la Somme* – Alain Denizot.
120. *L'Église des premiers siècles* – Maurice Vallery-Radot.

121. *L'épopée cathare,* tome I, *L'invasion* – Michel Roquebert.
122. *L'homme européen* – Jorge Semprún, Dominique de Villepin.
123. *Mozart* – Pierre-Petit.
124. *La guerre de Crimée* – Alain Gouttman.
125. *Jésus et Marie-Madeleine* – Roland Hureaux.
126. *L'épopée cathare,* tome II, *Muret ou la dépossession* – Michel Roquebert.
127. *De la guerre* – Carl von Clausewitz.
128. *La fabrique d'une nation* – Claude Nicolet.
129. *Quand les catholiques étaient hors la loi* – Jean Sévillia.
130. *Dans le bunker de Hitler* – Bernd Freytag von Loringhoven et François d'Alançon.
131. *Marthe Robin* – Jean-Jacques Antier.
132. *Les empires normands d'Orient* – Pierre Aubé.
133. *La guerre d'Espagne* – Bartolomé Bennassar.
134. *Richelieu* – Philippe Erlanger.
135. *Les Mérovingiennes* – Roger-Xavier Lantéri.
136. *De Gaulle et Roosevelt* – François Kersaudy.
137. *Historiquement correct* – Jean Sévillia.
138. *L'actualité expliquée par l'Histoire.*
139. *Tuez-les tous ! La guerre de religion à travers l'histoire* – Élie Barnavi, Anthony Rowley.
140. *Jean Moulin* – Jean-Pierre Azéma.
141. *Nouveau monde, vieille France* – Nicolas Baverez.
142. *L'Islam et la Raison* – Malek Chebel.
143. *La gauche en France* – Michel Winock.
144. *Malraux* – Curtis Cate.
145. *Une vie pour les autres. L'aventure du père Ceyrac* – Jérôme Cordelier.
146. *Albert Speer* – Joachim Fest.
147. *Du bon usage de la guerre civile en France* – Jacques Marseille.
148. *Raymond Aron* – Nicolas Baverez.
149. *Joyeux Noël* – Christian Carion.
150. *Frères de tranchées* – Marc Ferro.
151. *Histoire des croisades et du royaume franc de Jérusalem,* tome I, *1095-1130, L'anarchie musulmane* – René Grousset.
152. *Histoire des croisades et du royaume franc de Jérusalem,* tome II, *1131-1187, L'équilibre* – René Grousset.
153. *Histoire des croisades et du royaume franc de Jérusalem,* tome III, *1188-1291, L'anarchie franque* – René Grousset.
154. *Napoléon* – Luigi Mascilli Migliorini.
155. *Versailles, le chantier de Louis XIV* – Frédéric Tiberghien.
156. *Le siècle de saint Bernard et Abélard* – Jacques Verger, Jean Jolivet.
157. *Juifs et Arabes au XX*e *siècle* – Michel Abitbol.
158. *Par le sang versé. La Légion étrangère en Indochine* – Paul Bonnecarrère.

159. *Napoléon III* – Pierre Milza.
160. *Staline et son système* – Nicolas Werth.
161. *Que faire?* – Nicolas Baverez.
162. *Stratégie* – B. H. Liddell Hart.
163. *Les populismes* (dir. Jean-Pierre Rioux).
164. *De Gaulle, 1890-1945,* tome I – Éric Roussel.
165. *De Gaulle, 1946-1970,* tome II – Éric Roussel.
166. *La Vendée et la Révolution* – Jean-Clément Martin.
167. *Aristocrates et grands bourgeois* – Éric Mension-Rigau.
168. *La campagne d'Italie* – Jean-Christophe Notin.
169. *Lawrence d'Arabie* – Jacques Benoist-Méchin.
170. *Les douze Césars* – Régis F. Martin.
171. *L'épopée cathare,* tome III, *Le lys et la croix* – Michel Roquebert.
172. *L'épopée cathare,* tome IV, *Mourir à Montségur* – Michel Roquebert.
173. *Henri III* – Jean-François Solnon.
174. *Histoires des Antilles françaises* – Paul Butel.
175. *Rodolphe et les secrets de Mayerling* – Jean des Cars.
176. *Oradour, 10 juin 1944* – Sarah Farmer.
177. *Volontaires français sous l'uniforme allemand* – Pierre Giolitto.
178. *Chute et mort de Constantinople* – Jacques Heers.
179. *Nouvelle histoire de l'Homme* – Pascal Picq.
180. *L'écriture. Des hiéroglyphes au numérique.*
181. *C'était Versailles* – Alain Decaux.
182. *De Raspoutine à Poutine* – Vladimir Fedorovski.
183. *Histoire de l'esclavage aux États-Unis* – Claude Fohlen.
184. *Ces papes qui ont fait l'histoire* – Henri Tincq.
185. *Classes laborieuses et classes dangereuses* – Louis Chevalier.
186. *Les enfants soldats* – Alain Louyot.
187. *Premiers ministres et présidents du Conseil* – Benoît Yvert.
188. *Le massacre de Katyn* – Victor Zaslavsky.
189. *Enquête sur les apparitions de la Vierge* – Yves Chiron.
190. *L'épopée cathare,* tome V, *La fin des Amis de Dieu* – Michel Roquebert.
191. *Histoire de la diplomatie française,* tome I.
192. *Histoire de la diplomatie française,* tome II.
193. *Histoire de l'émigration* – Ghislain de Diesbach.
194. *Le monde des Ramsès* – Claire Lalouette.
195. *Bernadette Soubirous* – Anne Bernet.
196. *Cosa Nostra. La mafia sicilienne de 1860 à nos jours* – John Dickie.
197. *Les mensonges de l'Histoire* – Pierre Miquel.
198. *Les négriers en terres d'islam* – Jacques Heers.
199. *Nelson Mandela* – Jack Lang.
200. *Un monde de ressources rares* – Le Cercle des économistes et Érik Orsenna.

201. *L'histoire de l'univers et le sens de la création* – Claude Tresmontant.
202. *Ils étaient sept hommes en guerre* – Marc Ferro.
203. *Précis de l'art de la guerre* – Antoine-Henri Jomini.
204. *Comprendre les États-unis d'aujourd'hui* – André Kaspi.
205. *Tsahal* – Pierre Razoux.
206. *Pop philosophie* – Mehdi Belahj Kacem, Philippe Nassif.
207. *Le roman de Vienne* – Jean des Cars.
208. *Hélie de Saint Marc* – Laurent Beccaria.
209. *La dénazification* (dir. Marie-Bénédicte Vincent).
210. *La vie mondaine sous le nazisme* – Fabrice d'Almeida.
211. *Comment naissent les révolutions.*
212. *Comprendre la Chine d'aujourd'hui* – Jean-Luc Domenach.
213. *Le second Empire* – Pierre Miquel.
214. *Les papes en Avignon* – Dominique Paladilhe.
215. *Jean Jaurès* – Jean-Pierre Rioux.
216. *La Rome des Flaviens* – Catherine Salles.
217. *6 juin 44* – Jean-Pierre Azéma, Philippe Burrin, Robert O. Paxton.
218. *Eugénie, la dernière impératrice* – Jean des Cars.
219. *L'homme Robespierre* – Max Gallo.
220. *Les Barbaresques* – Jacques Heers.
221. *L'élection présidentielle en France, 1958-2007* – Michel Winock.
222. *Histoire de la Légion étrangère* – Georges Blond.
223. *1 000 ans de jeux Olympiques* – Moses I. Finley, H. W. Pleket.
224. *Quand les Alliés bombardaient la France* – Eddy Florentin.
225. *La crise des années 30 est devant nous* – François Lenglet.
226. *Le royaume wisigoth d'Occitanie* – Joël Schmidt.
227. *L'épuration sauvage* – Philippe Bourdrel.
228. *La révolution de la Croix* – Alain Decaux.
229. *Frédéric de Hohenstaufen* – Jacques Benoist-Méchin.
230. *Savants sous l'Occupation* – Nicolas Chevassus-au-Louis.
231. *Moralement correct* – Jean Sévillia.
232. *Claude Lévi-Strauss, le passeur de sens* – Marcel Hénaff.
233. *Le voyage d'automne* – François Dufay.
234. *Erbo, pilote de chasse* – August von Kageneck.
235. *L'éducation des filles en France au XIXe siècle* – Françoise Mayeur.
236. *Histoire des pays de l'Est* – Henry Bogdan.
237. *Les Capétiens* – François Menant, Hervé Martin, Bernard Merdrignac, Monique Chauvin.
238. *Le roi, l'empereur et le tsar* – Catrine Clay.
239. *Neanderthal* – Marylène Patou-Mathis.
240. *Judas, de l'Évangile à l'Holocauste* – Pierre-Emmanuel Dauzat.
241. *Le roman vrai de la crise financière* – Olivier Pastré, Jean-Marc Sylvestre.
242. *Comment l'Algérie devint française* – Georges Fleury.

243. *Le Moyen Âge, une imposture* – Jacques Heers.
244. *L'île aux cannibales* – Nicolas Werth.
245. *Policiers français sous l'Occupation* – Jean-Marc Berlière.
246. *Histoire secrète de l'Inquisition* – Peter Godman.
247. *La guerre des capitalismes aura lieu* – Le Cercle des économistes (dir. Jean-Hervé Lorenzi).
248. *Les guerres bâtardes* – Arnaud de La Grange, Jean-Marc Balencie.
249. *De la croix de fer à la potence* – August von Kageneck.
250. *Nous voulions tuer Hitler* – Philipp Freiherr von Boeselager.
251. *Le soleil noir de la puissance, 1796-1807* – Dominique de Villepin.
252. *L'aventure des Normands, VIII*e*- XIII*e *siècle* – François Neveux.
253. *La spectaculaire histoire des rois des Belges* – Patrick Roegiers.
254. *L'islam expliqué par* – Malek Chebel.
255. *Pour en finir avec Dieu* – Richard Dawkins.
256. *La troisième révolution américaine* – Jacques Mistral.
257. *Les dernières heures du libéralisme* – Christian Chavagneux.
258. *La Chine m'inquiète* – Jean-Luc Domenach.
259. *La religion cathare* – Michel Roquebert.
260. *Histoire de la France,* tome I, *1900-1930* – Serge Berstein, Pierre Milza.
261. *Histoire de la France,* tome II, *1930-1958* – Serge Berstein, Pierre Milza.
262. *Histoire de la France,* tome III, *1958 à nos jours* – Serge Berstein, Pierre Milza.
263. *Les Grecs et nous* – Marcel Detienne.
264. *Deleuze* – Alberto Gualandi.
265. *Le réenchantement du monde* – Michel Maffesoli.
266. *Spinoza* – André Scala.
267. *Les Français au quotidien, 1939-1949* – Eric Alary, Bénédicte Vergez-Chaignon, Gilles Gauvin.
268. *Teilhard de Chardin* – Jacques Arnould.
269. *Jeanne d'Arc* – Colette Beaune.
270. *Crises, chaos et fins de monde.*
271. *Auguste* – Pierre Cosme.
272. *Histoire de l'Irlande* – Pierre Joannon.
273. *Les inconnus de Versailles* – Jacques Levron.
274. *Ils ont vécu sous le nazisme* – Laurence Rees.
275. *La nuit au Moyen Age* – Jean Verdon.

À PARAÎTRE

Ce que savaient les Alliés – Christian Destremau.
François Ier – Jack Lang.

Composition Nord Compo
Villeneuve-d'Ascq

Impression réalisée par

CPI
Brodard & Taupin

La Flèche (Sarthe), le 01-09-2009
pour le compte des Éditions Perrin
11, rue de Grenelle
Paris 7e

N° d'édition : 2453 – N° d'impression : 54398
Dépôt légal : janvier 2009

Imprimé en France

200

Oui, les Raretés existent et se font de plus en plus pressantes et intolérables pour les uns, pas pour les autres.
Oui, il y a de vraies et de fausses Raretés.
Oui, il y a aussi des Raretés partagées par toute la planète.
Jamais la productivité agricole n'a été aussi forte, et jamais les famines n'ont été aussi fréquentes.
Jamais la terre n'a porté autant de diplômés, et jamais l'analphabétisme n'a autant progressé.
Jamais nous n'avons été aussi riches, et jamais il n'y a eu autant de pauvres.
Le Cercle des économistes et Erik Orsenna ont dressé l'inventaire des ressources rares, cherché les raisons et proposent quelques principes pour échapper à cette malédiction : l'urgence dans l'action, l'innovation dans les choix, la préférence pour le développement durable et la réorganisation de la gouvernance mondiale des ressources.

224 pages – 8 €